PAUL BOITEAU

OPINION

D'UN

PATRIOTE

Patrie et Liberté!

※

PARIS

LIBRAIRIE PAGNERRE

18, RUE DE SEINE

1870

OPINION

D'UN

PATRIOTE

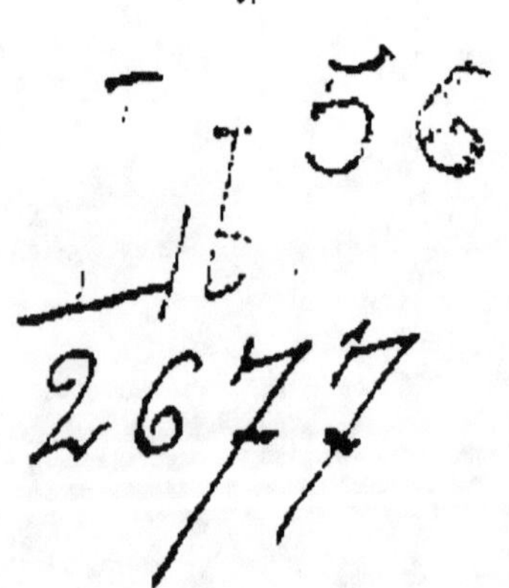

Paris. — Imprimerie VIÉVILLE et CAPIOMONT,
6, rue des Poitevins, 6.

PAUL BOITEAU

OPINION

PATRIOTE

PATRIE ET LIBERTÉ.

PARIS

LIBRAIRIE PAGNERRE

18, RUE DE SEINE

1870

L'écrit qu'on va lire, surpris dans une grève d'imprimerie, était fait pour paraître il y a plus d'un mois. Il n'était pas alors question de cet inutile sénatus-consulte et de ce plébiscite, plus qu'inutile, imaginé par les usurpateurs de la souveraineté nationale pour tromper encore la nation et lui faire souscrire un nouveau bail d'Empire, même dans l'absolu décrédit des · idées impériales. Je n'ai pas cru que l'opinion que j'émets dans cet écrit ait cessé d'être juste et qu'il soit moins opportun de la publier. Bien au contraire ; puisque, l'attaquant dans son dernier refuge, je viens dire, au nom du patriotisme, comme d'autres au nom de la liberté ou de la démocratie, pourquoi l'Empire a terminé sa carrière et comment il est d'un intérêt national de premier ordre, que le plébiscite soit ou non arraché à l'ignorance, à l'incertitude, à l'indifférence, de nous préparer tous, et sans perdre un jour, nous qui aimons d'abord la patrie, à relever nous-mêmes, et durablement, la fortune de la France.

Lorsque, en 1848 ou en 1851, le suffrage universel a pris ou paru prendre sous son parrainage un gouvernement dérivé du premier Empire, on pouvait croire que c'était là le baptême d'un enfant né viable. Le plébiscite de 1870 ne peut être que l'ondoiement précipité d'un enfant déjà sous la main de la mort. Qui que ce soit qui ait inspiré la demande faite au Sénat de recourir à cette cérémonie, il n'aura pas le pouvoir de détourner le flot montant de la démocratie et de la liberté.

Je n'ai ajouté que peu de chose à ces pages, pour n'avoir pas l'air d'ignorer qu'eux aussi, nos adversaires, leur traquenard étant prêt, en appellent au peuple. Ce que j'aurais dû en retrancher, c'est le trop d'indulgence que, par amour de la paix publique, j'y ai mis pour le ministère du 2 janvier, qui n'a pas su éviter ce mélange de tragi-comique dans les plus sérieuses affaires de la France.

Sceaux, ce 27 avril 1870.

PAUL BOITEAU.

OPINION

D'UN

PATRIOTE

Au milieu des triomphes et des pompes du premier Empire, quel admirateur de Napoléon ou lequel
de ses ennemis aurait osé croire que, vaincu enfin
par la coalition des peuples et des rois d'Europe
ameutés contre son ambition par le désespoir, il
devait, en tombant du trône, laisser la France
dépouillée des frontières que la République lui avait
conquises avant même qu'il parût au généralat de
l'armée d'Italie, et que dis-je ! dépouillée de ses
frontières, violée dans les monuments de sa gloire,
déshéritée des droits sacrés de la Révolution, sub-
juguée de nouveau et humiliée par ses maîtres héréditaires ? Notre générosité essaye en vain d'oublier

ce qu'ont coûté de larmes et de sang ces temps
lamentables : le jugement de Ney, l'exil des patriotes, l'assassinat de Brune, les fureurs de la Chambre
Introuvable, l'échafaud de Berton et des sergents
de la Rochelle ; l'expédition d'Espagne livrant aux
potences du cruel Ferdinand VII les défenseurs de
la Constitution de Cadix ; partout, dans le pays de
Descartes et de Voltaire, des essaims de mission-
naires rallumant les bûchers de l'inquisition ; la loi
du sacrilége et M. de Bonald, la hache à la main,
envoyant des hommes devant Dieu, « leur juge naturel » et enfin *la sombre loi d'amour* proposée
pour éteindre d'un seul souffle, la pensée ! Pour
sortir de cette longue vallée d'angoisses, il a fallu
quinze ans de conspirations, quinze ans d'efforts
pénibles et opiniâtres, et, après la prédication des
martyrs, les harangues passionnées de Foy et Manuel
et le clairon des chansons de Béranger. Enfin 1789
a été repris par 1830, mais combien de bons Français sont morts, l'âme désespérée, sans avoir vu le
peuple de Paris planter sur les tours Notre-Dame
le drapeau tricolore des barricades !

Est-ce une atteinte au patriotisme de dire que,
si le météore impérial n'avait pas sillonné le ciel
de la patrie, la France de 1789, avec moins d'aven-
tures peut-être, aurait été entraînée moins loin du
but qu'elle veut atteindre, et à travers de moins
longs malheurs ?

En 1830 même, elle ne se retrouvait pas au point
de sa Révolution où le premier Consul était inter-

venu dans ses destinées. La liberté était reconquise, mais non pas la démocratie. Dix-huit autres années s'écoulèrent et, pour reprendre possession de tout son passé, la France dut une fois de plus, et non sans regret, suspendre l'ordre régulier de son histoire.

En 1848, une fois calmé le frémissement des premiers jours de la victoire populaire, nous allions suivre les traditions interrompues, avec l'espérance de faire enfin fleurir en paix les vertus civiques.

Alors apparut le second Empire. Il venait, dans un dernier jour d'orage, au nom de la paix publique encore troublée, et au nom, disait-il, de la démocratie incertaine, au nom surtout de l'orgueil national invengé depuis 1815, offrir de concilier tous les intérêts et de rallier tous les partis sous les signes qu'une gloire si brillante avait décorés. L'œuvre méconnue de Napoléon avait été fatalement arrêtée à Moscou et renversée par Waterloo; président ou empereur de la seconde République, son neveu, que l'Europe laissât faire ou résistât, allait la ressaisir et la rétablir dans sa majesté. Il fut élu, il devint le prince. Qu'importe aujourd'hui ce que quelques-uns de ceux qui ont acclamé Louis-Napoléon Bonaparte en décembre 1848, en décembre 1851 et en novembre 1852 ont voulu mettre de pensées diverses dans leur vote? L'histoire ne voudra pas croire qu'une grande nation comme la nôtre n'a pas su alors ce qu'elle faisait, et encore moins qu'une influence quelconque a pu altérer la sincérité de ses suffrages. Nous disparus, l'histoire écrira que la grande majorité du peuple français, à trois reprises, s'est fiée entièrement aux promesses du neveu de Napoléon.

Mais quel sera le jugement de la postérité, quelle sera l'un de ces jours prochains la pensée des Français dévoués à la grandeur et à la prospérité de la France, si le second empereur, en achevant de régner, laisse la nation exactement dans l'état où elle se trouvait en 1847, lorsque la liberté reprise en 1830 était immobilisée dans les mains du petit nombre et que la démocratie attendait encore son heure? Faudra-t-il de nouveau suspendre l'ordre et troubler la paix publique pour rentrer dans l'héritage entier de la Révolution? Après Napoléon Ier il a fallu recommencer 1789; après Napoléon III il faudrait recommencer 1848. Mais alors de quel droit une idée, un principe, un homme se sera-t-il emparé des destins de notre pays? Si les mêmes partis subsistent, si les mêmes passions fermentent, si les mêmes intérêts se combattent dans le sein de la nation; si, à l'extérieur, la puissance nationale n'est pas mise définitivement à l'abri de tous les dangers, que sera venue faire dans nos annales cette seconde tentative d'un gouvernement qui n'aura voulu être ni celui de la République nouvelle ni celui de l'ancienne monarchie et qui, en effet, n'aura atteint le but ni de l'un ni de l'autre?

Ne quidem Julianis partibus dux reliquus.

Désormais les sectateurs de la religion napoléonienne se demanderont où trouver un drapeau ? Les patriotes, le leur laissent à chercher. Ils sont attachés à la France, et non à un homme ou à une dynastie, et leur unique souci c'est de savoir ce que va devenir la France, leur unique volonté c'est que la France ne fasse plus de faux pas sur le chemin qu'elle s'est ouvert, avec tant de peine, en 1789 et en 1792.

Je parlerai ici en leur nom, car on a entendu tout dire sur les changements qui s'accomplissent dans la politique, excepté ce que les patriotes pensent.

II

S'il ne s'agissait que de la sérénité de l'heure présente, nous goûterions volontiers le plaisir de respirer plus librement un air plus doux, et, sur cette terre agitée des événements de vingt années, d'applaudir peut-être un intermède qui nous délasse de nos longs ennuis ; mais la raison s'obstine à considérer l'avenir, un avenir qui nous touche déjà ; et, nous arrachant à des illusions qui ne peuvent que le mettre en danger, elle nous ordonne de ne pas croire que, dans les temps d'histoire énergique où l'humanité a commencé de vivre, l'on improvise ainsi la pacification des idées et le désarmement des intérêts.

Non, ce ne sont pas les âmes fortes et les sincères amis de la patrie, telle que 1789 et 1792 l'ont
faite, qui s'abandonnent en ce moment au charme
d'un repos éphémère. Les plus avides d'en jouir, ce
sont ceux qui, depuis vingt ans ont tout fait pour
arrêter la démocratie dans sa marche, ou ceux qui,
par faiblesse de cœur, n'ont rien fait pour la délivrer de ses ennemis. Les uns espèrent qu'on leur
pardonnera s'ils font mine d'avoir changé d'avis;
les autres, toujours inquiets de prétextes pour ne
pas agir, supposent que comme eux le siècle a peur
de trop s'émouvoir en un jour. Je ne parle pas des
philosophes qui, en sondant ce qu'ils croient être
l'inanité des agitations humaines [1], ont pris le parti
de ne se mêler à aucun des mouvements de la foule
et qui ne demandent à leurs contemporains que de
ne pas remuer trop de bruit autour de leurs médi-
tations.

Mais nous, qui ne nous en remettons pas à la
lente fécondité de la rêverie pour pousser ou
maintenir l'humanité sur sa route, et qui, dans la

---

1. E. Renan, *Vie de Jésus*, 13ᵉ édit., p. 127 : « L'homme
surtout préoccupé des devoirs de la vie publique ne par-
donne pas aux autres hommes de mettre quelque chose au-
dessus de ses querelles de parti. Il blâme ceux qui subor-
donnent aux questions sociales les questions politiques et
professent pour celles-ci une sorte d'indifférence. Il a raison en un sens, car toute direction qui s'exerce à l'exclu-
sion des autres est préjudiciable au bon gouvernement des
choses humaines. Mais quel progrès les partis ont-ils fait
faire à la moralité générale de notre espèce ? »

grande humanité, digne tout entière de notre sympathie, distinguons d'abord et chérissons singulièrement la France, il ne nous convient pas de laisser
languir notre vigilance, pour un peu de rafraîchissement qui passe dans l'air, et, après avoir vingt
ans consenti à faire de l'abnégation, mais non pas
du silence, la principale vertu du patriotisme,
nous nous devons de n'hésiter plus et de nous tenir
prêts pour les secousses que tous les signes du ciel
annoncent, et dont le souffle si doux de la liberté
renaissante est l'avant-coureur.

Ah! plût au ciel que nous fussions dans l'erreur
et que, par un coup de théâtre, inconnu encore,
tout ce que vingt ans de compromis, d'équivoques
ont différé de difficultés pût être en ce moment résolu! Mais qui donc, en se donnant la peine de
s'expliquer l'histoire de ces vingt ans, se flattera
d'une telle illusion? Les événemeuts que les hommes
ont voulus ou qu'il dépendait d'eux d'interdire ont
leurs lois que les hommes doivent subir à leur tour,
et il n'est pas moins impossible à un peuple de devenir ou de redevenir libre sans peine qu'à un individu de faire fortune sans fatigue.

Il y a eu un moment, mais un moment unique, où
l'alliance de l'Empire et de la liberté pouvait être
tentée avec des chances heureuses, c'est après la
guerre d'Italie. L'Empire était dans tout son prestige; il contractait, lui aussi, librement, avec la nation. L'expédition du Mexique et le déplorable
épisode de l'élévation soudaine de la Prusse ont dé-

truit ce prestige et fait passer du côté de la nation
seule tous les avantages dont elle avait pu se dé-
pouiller. C'est d'elle-même qu'elle a reçu, et nous
allons le prouver, la partie de ses libertés qui lui
est rendue, et c'est d'elle encore, et d'elle seule,
qu'elle recevra ce qui lui reste à reprendre.

Qu'importe l'antienne des thuriféraires de tout
pouvoir qui s'élève? On nous dit que c'est à
M. Emile Ollivier, et lui-même s'en vante avec une
fierté qu'il croit juste, que la France doit les im-
portantes restitutions qui lui ont été faites. M. Emile
Ollivier et ses partisans se trompent. On nous avait
dit d'abord que l'Empereur, depuis 1860, a été le
restaurateur volontaire de la liberté! Autre erreur.
Si nous avons commencé d'être libres, si nous achevons de l'être, si nous revenons à la jouissance
pleine et entière de l'héritage de 1789, de 1830
et de 1848, c'est parce que, dans la politique extérieure, l'Empire a manqué à la mission que la
France lui a confiée en 1848 et laissé prendre plus
ample en 1851. Il n'y a pas d'autre cause aux
événements qui s'accomplissent.

La masse du pays était restée indifférente, pour
plusieurs raisons, aux efforts que les opiniâtres défenseurs de la liberté faisaient pour la revendiquer.
Le peuple même des villes, occupé à d'autres problèmes, demeurait dans l'attente. La bourgeoisie ne
se réchauffait pas de ses frissonnements ridicules
de 1848. Si la bourgeoisie s'est décidée à reprendre une partie au moins de son ancien rôle, si le

peuple des villes s'est rangé avec son enthousiasme d'autrefois autour des revendicateurs de la liberté, si, jusque dans les campagnes, la foi dans un Napoléon s'est ébranlée, c'est parce que l'honneur de la France a été compromis de l'autre côté de l'Atlantique, c'est parce que la fortune de la France a été compromise de l'autre côté du Rhin.

Le libéralisme, et l'on peut le regretter, n'y est que pour bien peu de chose. Le patriotisme, mais qui s'en pourrait plaindre, y est pour presque tout.

III

De quelle façon arrangent-ils donc les faits et quelle raison d'être donnent-ils à l'Empire ceux qui voudraient aujourd'hui que la société nationale soit replacée sans secousse, et avec le reploiement régulier d'une pièce mécanique, dans l'état où la révolution de 1848 l'a trouvée ?

La présidence de la République n'a été confiée, l'Empire plus tard n'a été accordé au neveu de l'Empereur par la majorité des citoyens qu'au nom de deux grandes idées : — l'organisation d'une démocratie vigoureuse, prenant un chef d'assez d'autorité morale pour dominer toutes les résistances ; — et, pour un jour ou l'autre, la réparation des malheurs de 1814 et de 1815. Des intrigues se sont glissées au bas de ces résolutions du peuple. De vulgaires ambitions, des peurs dégoûtantes, des trahisons sans vergogne en ont corrompu quelque chose, mais le vote de 1848 et le plébiscite de 1851, celui même de 1852, n'ont pas d'autre sens dans leur ampleur, et j'ajoute que, dans l'intime pensée du suffrage universel, de même que dans les anciens écrits et les proclamations de Louis-Napoléon Bonaparte, il n'a pas été fait de distinction de forme entre la République et l'Empire. Le corps de la nation n'a songé qu'à la constitution définitive de la démocratie et à la restauration de nos frontières. Interpréter autrement les expressions de la volonté populaire, c'est manquer de respect au plus noble des peuples.

Nous ne parlons pas, parmi les intrigues et les calculs qui ont, de 1848 à 1852, fait avorter les projets les plus généreux, de ceux-là mêmes qui se sont couverts du nom de l'homme à qui la présidence de la République et l'Empire sont échus. Nous ne rappelons pas les fausses promesses, les contradictions, les ruses; et, lorsque la forme républicaine disparut, le deuil, le sang répandu parmi nous, les renommées les plus pures écrasées sous le talon des lâches, l'exil, la misère, la mort brusquement ou lentement infligés aux meilleurs citoyens. Nous n'en parlons pas, et cependant il est impossible que, même aujourd'hui, l'oubli ait emporté ces souvenirs comme au vent s'en va la feuille, Mais nous ne voulons pas remuer les ruines de l'idéal disparu alors ; nous ne nous arrêtons qu'à la réalité des faits. Eh bien, il est indéniable, et les historiens n'auront pas d'autre verdict à rendre, que, lorsque en 1848 la République, après les batailles civiles de juin, eut perdu l'enthousiasme pur des principes et la foi dans l'accord des classes, ce ne fut pas pour s'anéantir sous un despote et retomber ensuite dans les faiblesses du parlementarisme bourgeois qu'elle se choisit un Napoléon pour chef. Les départements les plus nettement républicains, les plus hardiment démocratiques, lui donnèrent le plus de suffrages. De même, en 1851, cette présidence n'ayant réalisé aucune des espérances qu'elle avait fait concevoir, et les partis monarchiques menaçant de renverser à la fois l'élu de la démocratie et la République, ce fut pour l'armer contre eux de plus de force, et, la démocratie et la République sauvées, pour lui donner aussi de l'audace devant l'Europe, que le peuple, voilant la statue de la liberté et tout ému du prix que coûtait l'avenir, lui permit son coup d'État.

Est-ce la liberté, entendue comme l'école des parlementaires purs le veut, qui était alors le prix réclamé pour tant de peines ? Ennemis de la République et de la démocratie, la plupart la sacrifiaient gaiement au plaisir d'avoir déjà sous les yeux les commencements d'une royauté. Si cette liberté exiguë qu'ils aiment seule, si la grande liberté elle même, si le droit de penser, d'écrire, de parler, de se réunir, d'élire aux fonctions et aux magistratures, de contrôler, de surveiller les dépositaires du pouvoir public, si le gouvernement de France par la

France nous a été ravi, ils ont été les premiers complices du rapt, et, quand nous examinons de près l'histoire de la République de 1848, nous ne voyons que trop clairement que ce ne furent ni l'impatience du peuple ni l'ambition même du président de la République qui empêchèrent de vivre ensemble la République et la liberté.

Ceux qui, à cette heure, nous demandent d'applaudir au retour d'une partie de la liberté, ce sont ceux mêmes qui ont fait perdre la liberté tout entière.

Où est l'avantage, s'ils ont aujourd'hui enfin raison de l'Empire, comme ils ont essayé d'abord d'avoir raison de la démocratie et de la République ?

Les patriotes, assurément, ne regretteront jamais le despotisme, mais ils peuvent regretter qu'une dictature, qui avait tant coûté, ait si peu servi la cause nationale et la cause démocratique. Purs de toute complicité dans la suppression de la République et même de toute adhésion, ils ont le droit de demander compte de tous les sacrifices consentis au pouvoir qui se laisse mener à l'abdication; et des nouveaux hommes d'État qui se lèvent et qui veulent passer pour les restaurateurs de tant de nobles choses détruites, ils ont le droit d'exiger des gages, non pas seulement de libéralisme, mais de démocratie, et non-seulement de démocratie, mais de patriotisme.

Personne, pas même les soi-disant libéraux qui,

au 2 décembre, ont soutenu ou facilement approuvé le coup d'État, personne n'a pu croire, surtout l'Empire rétabli, que le neveu de Napoléon montait au pouvoir pour y continuer tranquillement le règne de Louis Philippe.

Plaçons-nous pour juger ses actes, au point de vue même des sincères partisans du principe qu'il représente. Nous n'en arriverons pas moins à la même conclusion.

« En attendant que tu rendes à la France les frontières que la première République lui a données et que le premier Empire lui a fait perdre, organise vigoureusement la démocratie que la seconde République, pour quelque raison que ce soit, a eu le malheur de ne pas constituer. Au nom de 1800 et de 1804, défais l'œuvre de 1814 et de 1815 ; et, au nom de 1792 et de 1848, achève l'œuvre de 1789 et de 1830. » Voilà ce que le peuple a dit au second Empire, et il ne lui a pas dit autre chose. Il ne lui a pas dit : « Continue 1830, » c'est-à-dire sois l'exécuteur testamentaire de Louis-Philippe; il ne lui a pas dit non plus : « Continue 1804, » c'est-à-dire, rebâtis un trône sur les débris de la liberté, car c'est d'une quatrième dynastie de rois que la France a besoin !

On aura beau faire des théories à propos de ce contrat qui a été une affaire de sentiment, plutôt qu'un acte dont on pesait bien les termes, on aura beau le commenter et l'interpréter, le peuple, en le souscrivant, savait ce qu'il faisait, et, s'il est permis de le dire à un respectueux adorateur de la liberté, à l'un des volontaires fidèles de l'exil intérieur depuis 1852, le peuple, eût-il cru que la liberté allait subir une éclipse de plusieurs années, comprenait mieux que nous peut-être la valeur des occasions offertes au rétablissement, à l'affermissement de la fortune nationale.

Pour avoir été trop philosophes en 1848, pour avoir trop redouté de troubler l'ordre des sociétés d'Europe et trop cédé, chez nous, au désir de résoudre des problèmes économiques, qui sont ou des épisodes passagers de la vie des nations ou la besogne des siècles, nous avions passé notre temps en incertitudes, et enfin nous étions tombés de la discorde dans la guerre civile, et ainsi périt la seconde république française. Ainsi périrent en Europe ses amis — qui, depuis, n'ont pas tous été vengés. En 1852, les tristes sacrifices accomplis, le gouvernement de la France pouvait, à la façon d'autrefois, refaire sa grandeur extérieure. Il en a reçu le mandat. L'a-t-il rempli ?

La guerre d'Orient a dissous la Sainte Alliance. Ce fut une entreprise habile. Elle déblayait le terrain pour les futures opérations de la politique et de la guerre même. Si elle commença de prouver que, dans l'armée, ce qui avait de la valeur, c'était le soldat, et que les collaborateurs du coup d'État, les généraux improvisés dans la plus funèbre des journées militaires, n'étaient pas de la taille de nos héros de 93, elle fit encore assez d'honneur à nos armes. Le Russe fut vaincu par notre patience, et l'Anglais, notre allié, vit de près que Waterloo n'avait pas donné la victoire aux plus généreux.

La guerre d'Italie sera plus vantée encore.

Si c'est spontanément que l'Empereur l'a faite, c'est la belle page de l'histoire de l'Empire. Après avoir frappé les Russes qui n'avaient pas été nos pires ennemis, nous nous attaquions à la puissance qui, jusqu'à cette époque, représentait les idées les plus contraires aux principes de notre Révolution, et nous n'entrions en campagne que pour délivrer de sa dure servitude cette terre d'Italie, « où toute grandeur à la beauté se plie, où toute beauté s'élève à la grandeur [1], » mère-nourrice du génie moderne avec la Grèce déjà délivrée, et envers qui la France était engagée, pour les maux que le premier Empire lui a fait subir en tombant, et pour les misères d'un autre ordre de 1849. De trop prudents amis de la grandeur de notre pays ont blâmé cette guerre parce que l'unité italienne en est née. Ce n'est pas l'unité de l'Italie qui sera dangereuse jamais pour la France, si la France n'est pas injuste pour l'Italie; et cette unité est un bienfait pour la future paix religieuse de tous les peuples, car si elle ne s'était pas formée, si elle ne s'achevait pas, la royauté temporelle du Pape serait indéracinable, et c'est à l'ombre de son trône que subsistent les hommes les plus absurdes ennemis de l'humanité.

[1] Filicaja.

Jusqu'au jour où Napoléon III partit lui-même pour Gênes, il n'avait pas été permis aux patriotes de se réjouir. Les coups d'épée portés à Sébastopol n'avaient pas fait jaillir assez de gloire pour couvrir de lumière les sombres années écoulées depuis que le trône impérial était relevé. A l'intérieur de la nation campait toujours la force armée du 2 décembre. D'injurieux dandys occupaient les postes promis aux citoyens. Tous les vestiges de la République étaient effacés. La jeunesse était rejetée de la vie publique. Le peuple demeurait divisé en classes qui, dans la commune déception, se reprochaient à l'envi le poids d'un joug commun. La tribune renversée, les assemblées remplies de comparses, les journaux muets, le peu d'attention du public réservé à des jongleurs, tout attestait que les engagements de 1851 n'étaient pas tenus, et, au désespoir des âmes honnêtes une recrudescence de tyrannie venait, en 1858, d'attacher un désespoir plus amer. C'est le moment où l'Empereur détachait un aide de camp pour diriger l'administration civile de la France. Son cheval de chasse allait-il bientôt passer consul ?

Ceux-là, il est vrai, ne s'en inquiétaient guère qui, ne vivant que pour gagner de l'or ou occuper des places, s'enrichissaient depuis six ans, et, par la richesse, s'imaginaient toucher au bonheur. Mais enfin la guerre fut déclarée, et, pendant que les fortunes de ces gens trébuchaient, le peuple, qui ne vit que de salaires et de patriotisme et, avec le peuple, ceux qui vivent de patriotisme et de liberté poussèrent le premier cri d'espérance.

Arrière les querelles de partis et les disputes d'école! Sera libéral pur, ou libéral et démocrate qui pourra, phalanstérien ou communiste qui voudra, mais quelle fête si nous allions redevenir citoyens ou patriotes! Quelle inquiétude pour ces peuples, si jaloux de notre renommée, qui, en 1815, ont dépecé, tous réunis, notre puissance! Nous pourrions songer à reprendre nos frontières, en laissant pérorer dans leurs chaires les sages qui ne veulent plus qu'une nation se soucie de si peu et qui ne voient pas que, depuis 1789, tous les peuples se sont mis à l'aise et en sûreté sur la carte, un peuple excepté celui qui a fait la Révolution de 1789 pour le monde! Et chez nous avec quelle facilité l'existence d'un sentiment national devrait permettre de résoudre les questions les plus pressées! *C'était peut-être notre chemin le plus court pour revenir à la liberté que de passer par cette grande aventure* [1].

Ainsi pensaient le peuple des travailleurs et les patriotes de toutes les classes du peuple. Pourvu

---

1. Je me permets de citer un écrit que je publiai alors. Il était intitulé *En Avant!* J'ose le dire, on y sentait le feu de la jeunesse, mais on y sentait aussi l'amour le plus réfléchi pour la grandeur de la France. L'un des ministres du temps, M. de Royer, peu entiché de pareilles chansons, le fit aussitôt saisir et poursuivre. Sans la journée de Magenta, un citoyen français payait une amende et faisait de la prison pour avoir rempli avec ardeur le plus sacré de ses devoirs.

qu'il fût éclairé de cette lueur de l'amour de la patrie, le plus humble, le plus ignorant sentait bien
que, lorsque nous aurions vaincu l'Autriche et affranchi l'Italie, il n'était au pouvoir de personne
de retenir une heure de plus dans les prisons ou en
exil les citoyens frappés pour les déplorables ma-
lentendus de 1848 ou pour la résistance au coup
d'État de 1851. Et une fois le premier anneau de
fraternité, de liberté, d'égalité ressaisi, quelle main
eût encore brisé la chaîne?

Toutes les illusions qui favorisèrent l'élection
du 10 décembre et, plus tard, la répétition
d'un 18 brumaire, pouvaient donc prendre un
corps et légitimer les suffrages. Il n'en a pas été ainsi.
Comme la fortune de la France n'en souffrira pas
en définitive, rendons grâce à Dieu qui a voulu
que ce soit de sa propre initiative, et non de la
main d'un maître, qu'elle reçoive ce qu'elle a droit
de prendre.

IV

A combien peu il a tenu pourtant, que, à partir
de la guerre d'Italie, l'Empire, devenu populaire,
fît oublier et les circonstances de sa venue au
monde et l'avilissement des caractères qui semblait
être, pendant les premières années de son existence, l'objet principal de sa politique! Nos frontières étaient regagnées du côté des Alpes; l'am-

nistie avait été proclamée et séchait bien des pleurs;
de très-importantes réformes économiques intéres-
saient la presque totalité du pays aux bénéfices du
mouvement de notre commerce et de notre industrie ; enfin, par la force même des choses, un décret mémorable, celui du 24 novembre, en appelant
les grands corps de l'État à prendre une participa-
tion plus directe aux affaires du pays, en envoyant
des ministres y rendre compte, rompait, par la pu-
blicité de leurs débats, la barrière si jalousement
construite autour des débris de la tribune nationale.

Le pouvoir ne se déplaçait pas, mais il se com-
muniquait[1]. Soyons justes : quelle dictature a fait
jamais ce pas vers la source d'où en droite ligne,
ou par un détour, lui était venue l'autorité absolue?

Telles étaient les conséquences nécessaires de la
guerre d'Italie.

Si un nouveau Mécène se fût trouvé près du nouvel Auguste, ou plutôt si les siècles issus de la
Révolution française pouvaient s'accommoder des
Auguste et des Mécène, l'Empire remplissait alors le
contrat sentimental de 1848 et les promesses imposées
de 1851. Il réparait 1815, et il continuait 1848.
L'Empereur hésita peut-être ; nul ne sait, mais le
mouvement s'arrêta. On vit les mêmes ministres, et,
sous eux, les mêmes fonctionnaires, les mêmes pu-
blicistes de la servitude représenter la nouvelle poli-

---

1. Expressions de M. E. Ollivier dans son livre *le 19 Janvier*.

tique intérieure de l'Empire. Ce fut le même M. de Morny, l'*arbiter elegantiarum* du régime de la terreur impériale, qui dut habituer la France à redevenir ce qu'on l'avait empêché d'être, et, quand un peu de liberté fut demandé pour les journaux assujettis, M. Fialin, duc de Persigny, de par la dynastie à consolider, et, par ironie, à l'imitation des Anglais, ajourna la concession de la liberté de la presse à cent cinquante ans.

La dynastie ! Il n'en fallait point parler, et il fallait mettre à l'ordre du jour l'examen de tous les problèmes venus à la surface de notre société dans les coups de mer de la Révolution.

Puisqu'on avait offert à la liberté la tutelle de l'ordre, il fallait, d'une main, desserrer les fers enchaînant à la fois et ceux qui avaient perdu la liberté et ceux qui n'avaient pas encore vécu sous son règne ; et, de l'autre main, puisqu'au plus grand nombre on avait promis que la suspension passagère de la liberté serait une ère féconde en réformes intérieures, il fallait résolûment détacher de l'arbre des rêves et des souhaits populaires toutes les branches capables de s'enraciner dans la justice et dans la raison, mais sans qu'on en parlât, sans que les lyriques de l'administration eussent à écrire, comme M. H. Chevreau, je crois : « Il y aura des Napoléons comme il y a eu des Mérovingiens. » La dynastie mariait pour un temps ses destinées aux destins de la démocratie française, et, trop généreuse peutêtre, l'abnégation des patriotes y consentait encore.

Mais presque aussitôt que parus les signes de la régénération du gouvernement s'étaient évanouis. Que faire alors? Qu'était-il permis aux patriotes d'oser? Imprimer au pays, en 1861, après la guerre d'Italie et, du moins, après quelques promesses nouvelles de liberté, la violente secousse de résistance et de révolte que le pays, en 1851, n'avait pas aidée à produire le salut public? Ni les campagnes, ni la bourgeoisie n'étaient prêtes à y participer, et une partie du peuple des villes avait gardé sa foi en l'Empereur ou son indifférence entre les divers gouvernements.

De la guerre d'Italie était donc sorti, avec une amnistie, le décret du 24 novembre 1860. Le plan des patriotes politiques, ce fut de saisir ce décret, et, avec l'arme retrouvée, de préparer pour les élections de 1863, une opposition plus puissante et plus complète.

La démocratie républicaine, depuis 1857, avait au Corps législatif son groupe de cinq représentants; la liberté pure n'y avait pas un chef en vue, pour rallier, dans la majorité même, les consciences incertaines, et, maintenant que les discours du Corps législatif avaient retrouvé des échos, pas une voix connue, pour faire pénétrer jusque chez les plus timides le sentiment des nécessités présentes du pays. L'homme indiqué pour cette tâche nouvelle, c'était M. Thiers. Pour sa réputation même, il avait à réparer le mal que, par un trop véhément amour de l'ordre, il avait fait à la

République, qui peut-être l'eût accepté pour chef.
A M. Jules Favre et à ses amis de continuer avec une
robuste énergie la lutte démocratique et républicaine, engagée depuis le 2 décembre contre le 2 décembre; à M. Thiers, de commencer celle de l'opposition constitutionnelle et libérale. Le peuple
instruit et la jeunesse, légion fidèle, allaient se serrer
de plus près autour du fier défenseur d'Orsini; la bourgeoisie qui a besoin de l'ordre, mais qui aime aussi
la liberté, une partie des campagnes, et l'armée
enfin, devaient, à la voix de l'ancien ministre de
1840, de l'ordonnateur du retour des restes mortels
de Napoléon, de l'historien partial de sa gloire, re-
trouver un point d'appui pour la raison jusque dans
les idées napoléoniennes, un principe d'indépendance jusque dans les légendes de la chaumière, une
diversion au service d'un maître jusque dans le
patriotisme.

Libre à qui le veut de s'attaquer à cette heureuse
combinaison des résistances de la démocratie nouvelle et de la liberté ancienne. Qu'ils disent, ceux
qui le croient, qu'il fallait, sur un autre terrain,
combattre, sans alliés, le combat sanglant de la ven-
geance, ce combat dont le peuple de Paris, en 1851,
n'avait pas voulu. Qu'ils s'indignent contre l'alliance
formée alors entre les vaincus de 1830 et les vaincus
de 1848 ! qu'ils prétendent qu'aujourd'hui elle a porté
ses fruits amers, et que ceux-ci sont une seconde fois
vaincus, parce que ceux-là ont paru un moment devenus seuls les maîtres de l'Empire. Jusqu'à cette

heure il n'y a rien de perdu pour personne, et il y a une conquête de faite pour tous.

De plus sages pourraient tout au plus prétendre que les partis, en s'alliant, usent leurs arêtes, et qu'il faut de l'âpreté aux caractères pour leur puissance, et même pour leur honneur. On reprocherait ainsi à M. Jules Favre, d'avoir consenti quelquefois à n'être qu'un républicain d'académie, et à M. Thiers, d'avoir compromis l'effet de ses amples et limpides expositions des choses par d'imprudentes vivacités de tribun du peuple. Laissons dire.

Il n'y avait rien dans la situation qui commandât de tout sacrifier à l'intégrité des systèmes et des principes. L'intérêt du pays a exigé, au contraire, cette union. Où les armes de la violence auraient succombé, les coups de la raison et de l'éloquence ont triomphé à la fin. Le pouvoir absolu, quoiqu'il se débatte, le pouvoir absolu est renversé. Le peuple des villes et des campagnes même l'a laissé choir, et la bourgeoisie ne s'effrayera bientôt plus du vide que fait aux yeux une dictature qui s'écroule.

Dès avant les élections de 1863, il était devenu évident pour tous ceux qui sont attentifs que, dans la politique intérieure, l'Empire n'accomplirait pas de lui-même l'évolution que le décret du 24 novembre 1860 annonçait. Enveloppé par les pires ennemis de sa race et de ses projets particuliers, l'Empereur, trop faible pour s'en affranchir, se trouvait contraint de subir jusqu'au bout leur joug. Mais, si le suffrage universel, en 1863, envoya au

Corps législatif des hommes de bonne volonté, en nombre suffisant pour réclamer le double programme de la revendication de la liberté et de la reprise de possession de la démocratie par elle-même ; si, depuis, ces hommes, groupés autour de M. Thiers et de M. Jules Favre, ont pu rallier la majorité du pays autour, des principes désertés en 1851 par l'ignorance d'une partie du peuple et par l'épouvante de la bourgeoisie, ce fut sans doute parce que l'Empire, malgré de passagères velléités de libéralisme, s'obstinait à repousser la nation du gouvernement de ses affaires chez elle ; mais ce fut surtout parce que, libre encore d'user de sa puissante autorité pour faire au dehors du pays de grandes choses, il s'est montré absolument incapable du rôle des Richelieu et des Louis XIV, qu'il avait osé saisir.

Sans doute, d'année en année, d'assez honnêtes gens, parmi les premiers répresseurs de la démocratie, se détachaient d'une dictature toujours entourée de son personnel du coup d'État ; et en même temps s'épaississaient les rangs des générations nouvelles, innocentes de la guerre civile, injurieusement repoussées de la liberté par ces ajournements au siècle prochain, qui valurent à M. Fialin de Persigny son ti re de duc, et, par la générosité de la jeunesse, toutes portées à croire que le procès de la seconde république française n'avait pas été jugé sans appel ; mais le grand nombre, dans la bourgeoisie et parmi les paysans, ne se rendit à la grande et toujours sage doctrine du gouvernement du pays par le pays, que lorsque l'Empereur et ses conseillers eurent fait la guerre du Mexique et laissé faire la guerre d'Allemagne.

Nul ne pouvait soupçonner que les intérêts permanents de la France se trouveraient ainsi compromis par le pouvoir qui s'était chargé de réparer 1815. En traçant leur programme d'une campagne à faire à frais communs pour la liberté par les libéraux purs et pour la démocratie libre par les républicains, les adversaires du despotisme ne s'attendaient pas à ce que le despotisme se discréditerait si tristement, — aux dépens de la fortune de la France.

On avait compris que, parmi les justes griefs qu'une nation a toujours à invoquer contre une autorité sans contrôle, celui qui pouvait réveiller le plus d'apathies, c'était l'espèce de fureur avec laquelle le gouvernement du 2 décembre avait ouvert tous les abîmes de la dépense, au profit de tous les genres de luxe, sans se préoccuper du lourd fardeau que l'État et que les villes en auront à porter. C'était pour dénoncer ce péril au pays que M. Thiers était fait. Qui n'écoutait ni M. Jules Favre, ni M. Ollivier, ni M. Picard, aux paroles de M. Thiers consentait du moins à regarder les choses de plus près, et alors la vérité s'emparait de l'homme. Vous aviez recouru à la dictature pour sauver vos fortunes, et vos fortunes étaient menacées d'un engloutissement dans le gouffre creusé par de nouveaux milliards de dettes.

Mais les résultats de la guerre du Mexique, mais les conséquences de la guerre d'Allemagne, quels arguments plus éloquents n'a-t-on pas trouvés dans ce double malheur !

Nous nous souvenons de tous les efforts tentés, dès le début de l'expédition, pour empêcher le gouvernement de violer à main armée la grande justice de l'histoire en attentant à l'indépendance de la nation mexicaine. Un triste pressentiment semblait annoncer que le droit outragé se vengerait aux dépens de notre honneur nationnal, et que ce petit peuple, comme l'Espagne en 1813, finirait par rejeter de son territoire nos vaillants soldats et nos drapeaux glorieux.

M. Billault, un avocat auquel l'Empire a fait élever deux statues, lui rendit le déplorable service de prouver tous les jours que c'était ainsi que l'Empire ajouterait à l'éclat de la guerre d'Italie ! Il se trouva après lui, en 1866, un autre homme d'État pour annoncer que la fortune de la nation était mise à l'abri de toute atteinte, au moment même où, en trompant la France, peut-être aussi de l'aveu de la France, la Prusse s'emparait de cette suprématie de l'Allemagne que du quinzième au dix-huitième siècle tous nos rois et tous nos ministres ont empêché l'Autriche de saisir.

C'est ainsi que se vengeait Waterloo ! L'héritier de Napoléon travaillait de ses propres mains à grandir la puissance du peuple qui a le plus de haine dans le cœur contre nous, et qui, en 1815, a le plus cruellement abusé de la victoire de l'Europe. La mission principale de l'Empire était terminée à partir du jour fatal ou, par l'incurie ou l'ignorance du gouvernement français, la Prusse fut maîtresse de l'Allemagne, sans que la France fût maîtresse de ses frontières du Rhin [1].

Ce n'est pas dans un écrit aussi court que peuvent trouver place des observations sur les idées de ce siècle en matière de nationalités et de frontières, mais avec quelles bonnes raisons, dans les circonstances présentes, nous aurions à défendre le droit de la France d'assurer au Nord et à l'Est ses limites naturelles ! Que la philosophie internationnale fasse ou non son chemin, que la puissance de l'économie politique croisse ou diminue, la France ne sera satisfaite que lorsque la rive gauche du Rhin tout

1. Extrait de l'*Avenir* de Berlin (mars 1867) :

« ... M. de Bismark avait prévu les mesures à prendre, afin de prévenir les difficultés qui auraient pu s'opposer à la réalisation du plan. Dès le début des hostilités, un corps d'armée français aurait occupé, avec l'assentiment de la Prusse, les provinces dont l'abandon aurait été résolu, comme les Autrichiens avaient occupé les provinces danubiennes pendant la guerre de Crimée. A la fin des hostilités, un traité conclu entre les deux nations et un plébiscite de la part des populations eussent transformé une occupation préalable en une possession définitive. L'annexion eût été accomplie sans secousse et sans difficultés.

« ... Avant la guerre, lorsqu'il était encore temps, M. de Bismark a offert à la France tout ce qu'elle pouvait espérer. L'Empereur des Français a repoussé ces offres, soit par désintéressement (quelle ironie !), soit pour conserver sa liberté d'action, soit pour tout autre motif. Après la paix de Nickolsbourg il a changé d'avis ; mais alors il n'était plus possible d'amener l'opinion publique, en Prusse, à consentir à un abandon de territoire dont on ne voyait plus la nécessité. »

entière lui servira de barrière, et l'Europe ne peut
compter qu'à ce prix sur la paix définitive.

 Il serait permis à d'autres nations, à toutes les
autres, de ne pas croire à l'utilité d'une bonne défense aux extrémités de leur domaine, et de renoncer
pour l'avenir à l'avantage d'être closes par une chaîne
de montagnes, ou par un fleuve, que la France seule
ne pourrait pas se montrer si désintéressée et si sage.
Elle n'est pas seulement la France, c'est-à-dire le
peuple dépositaire des plus riches trésors de la
civilisation universelle, que tous les peuples jalousent,
et que les moins généreux haïssent; elle est, jusqu'à
ce jour, en Europe, la seule grande démocratie
presque organisée, et, jusqu'à ce que les peuples
soient autour d'elle aussi près de la république,
elle se doit, elle leur doit de ne pas laisser violer
chez elle, par les rois et par les aristocraties qui
subsistent, le patrimoine général de l'humanité. C'est
pour le bien défendre qu'il lui faut cette frontière
du Rhin qui, il y a dix-huit siècles déjà, était la
limite des Gaules; et c'est pour que ce patrimoine
ne soit pas à la merci d'une coalition de rois, de
rois et de peuples aveuglés, que nous devons laisser
prononcer leurs discours, sans nous en laisser sé-
duire, aux apôtres du désarmement des États. Si la
France était assez folle pour donner l'exemple, elle
verrait, dès le lendemain, ce qu'il en coûte. Nous
ne pouvons nous démunir que les derniers. C'est
lorsque toutes les grandes puissances auront fait
leur révolution de 1789 que nous quitterons le

glaive. Entre les peuples délivrés des chaînes du passé l'entente alors sera facile. D'ici là, soyons une nation qui sait quels sont ses devoirs et ses droits. Entretenons notre armée dans le respect d'elle-même ; gardons-nous de l'injurier jamais, erreur si fréquente et si fâcheuse, et, sans craindre de déroger aux lois économiques du travail moderne, inscrivons la dépense de cette armée protectrice et conservatrice de l'unique démocratie militante d'Europe au compte de nos consommations productives, et même, s'il fallait payer aujourd'hui, à cette heure, un milliard la frontière du Rhin, ah ! n'hésitons pas à conclure le marché.

Mais, hélas ! l'occasion la plus belle a été perdue. C'était sous ce règne que l'instinct populaire avait espéré qu'elle se présenterait et qu'elle serait saisie. Le Rhin était le prix stipulé secrètement de la suspension de la liberté.

La retraite de l'armée du Mexique et les lugubres événements qui l'ont suivie ont profondément blessé les fibres délicates du patriotisme français ; l'élévation insolente de la Prusse l'a révolté.

La déroute de la prétendue politique césarienne une fois commencée, il était prudent de tout attendre. Qu'est-il arrivé, en effet, qu'il n'ait été permis à chacun de nous de prévoir ? Qu'arrivera-t-il encore à la France que dès aujourdhui la France ne puisse examiner ?

Si elles irritent la fierté du citoyen, si elles font sourire le philosophe, les théories sur les hommes providentiels avaient eu pendant dix ans leurs adeptes. Où sont-ils ces fétichistes ? Jusqu'aux adorateurs du Veau d'Or, tous les comparses de la féerie ont disparu, car il n'y a pas eu d'atteint dans ces malheurs que l'orgueil national : le prestige anéanti, la foi éteinte, un écroulement de ruines se propagea de proche en proche, et dans tous les sens, au travers des entreprises de tout genre et des fortunes de toute espèce qui s'étaient hâtées de végéter aux rayons de l'astre levant.

Le plus pénible pour ceux qui s'étaient endormis dans la coupable béatitude de l'indifférence ou dans un oubli des vrais besoins de l'humanité, plus coupable encore, ce fut, lorsque ce bruit de renversement les réveilla, lorsque, malgré eux cette inquiétude du patriotisme les atteignit, ce fut de voir que, sur la place publique, dans les villes, dans les bourgades, les passions, les préjugés, les colères qu'on avait voulu supprimer avec la République, étaient restés vivants sous le linceul. Comme la glace qui prive de vie les corps animés, mais qui les conserve, le silence universel n'avait rien détruit. Il avait été le silence, il n'avait pas été la mort. Cœurs timides, esprits sans noblesse, où aviez-vous appris qu'il y ait d'autre institutrice des peuples que la liberté, d'autre conservatrice des biens, même matériels, d'autre préservatrice d'une subite révolution des choses !

Mais qu'était-ce enfin que cette puissance à laquelle, les bons et les mauvais citoyens, chacun avait

confié une partie de ses espérances, et qu'avait-
elle fait du dépôt de la crédulité publique ? A l'extérieur la grandeur de la France était compromise ;
à l'intérieur la paix publique n'était plus assurée.

En 1860, la France flattée des rencontres de
Magenta et de Solferino avait accueilli, avec une
sorte de reconnaissance, l'amnistie que le dictateur
lui devait depuis huit ans, et une part de la liberté.
Après Sadowa, le pouvoir, qui n'était plus désormais
que l'impuissance, comprit enfin quelle responsabilité pesait sur lui, et, pour n'être pas dépossédé
brusquement, il offrit d'élargir le cercle de ses restitutions, ne promettant plus que l'ordre intérieur
pour protéger la renaissance des institutions détruites par le coup d'État. Mais quelle étrange comédie se joua, le 19 janvier 1867, sous les yeux de la
nation ! Le personnel de l'ancien Empire fit semblant
de se retirer du conseil par une porte et aussitôt il
rentra par une autre, le sourire aux lèvres, car une
fois encore on avait laissé un moment à l'Empereur
le rôle populaire de promoteur ou de restaurateur de
la part de liberté compatible avec sa royauté, et, ce
nouveau vernis étendu sur le trône, ministres, sénat,
Corps législatif, préfets, on allait pour un temps in-
déterminé retenir sous le joug la France impatiente ;
— car ils ne la croyaient qu'impatiente, et elle était
désenchantée.

Ce n'étaient pas les lauriers de Mentana qui pouvaient prolonger l'illusion de la gloire napoléonienne.

On saura plus tard à quelles influences céda
l'Empire lorsqu'il consentit pour la seconde fois à
laisser passer l'occasion de se régénérer. Il était
nécessaire, puisque la faute de la guerre d'Allemagne était faite, de remettre en effet à la nation le
gouvernement de ses affaires, tel qu'elle peut
l'exercer sous la tutelle d'un prince ; de remercier
jusqu'au dernier des complices du 2 décembre
de parler au peuple entier un langage ému e sin-
cère, comme au retour de la guerre incomplète
d'Italie, d'avouer l'erreur commise, de faire appel au
patriotisme de tous et, pour recommencer franche-
ment l'histoire nationale, de décréter des élections
libres.

Nul doute que les raisons et les sentiments qui ont
fait naître l'Empire n'eussent agi encore sur les esprits et sur les cœurs du plus grand nombre. Sa popularité resurgissait, au profit cette fois de la France.
La Prusse eût compris le péril de son insolence, et
l'Europe qui ne nous menace ou ne nous méprise
que lorsqu'elle nous voit désunis nous eût laissés
régler avec elle nos comptes en retard. Cependant
la liberté reflorissait.

V

Le choix des deux politiques était aisé ; car, de-
uis quelques années, dans l'intimité de l'Empereur,

un parti se formait pour lui conseiller de ne pas
ajourner indéfiniment la transformation de l'Empire,
et, chaque année, le malheur des temps fournissait
un argument de plus à ces conseils. Sur les bancs
mêmes de l'opposition, parmi les cinq héros de la
démocratie républicaine, M. de Morny et M. Wa-
lewski, deux serviteurs bien distincts de Napoléon III,
avaient cru trouver l'homme capable d'opérer cette
œuvre si difficile mais de moment en moment moins
évitable ; et lui, tout entier depuis 1860 aux espérances et aux projets du rétablissement de la liberté,
M. Émile Ollivier se préparait à l'entreprendre.

Dans la décadence du pouvoir absolu il ne voyait
que le mouvement contraire de la liberté remontant
au sommet de l'État ; il croyait que réellement l'Empire avait pu détruire la République pour sauver la
démocratie, avec la pensée de l'affranchir ensuite
lui-même ; et, à la vue des rejetons nouveaux de
liberté, il attribuait à la sagesse d'un homme ce
qui n'était que l'impérieux besoin et l'effet d'une
situation. Peu touché des embarras des finances
publiques, il ne se rendait pas compte de cette première cause du refroidissement des sympathies de
la haute bourgeoisie ; philosophiquement voué au
culte de l'idée de la paix, il avait peu souffert des
éclaboussures que l'expédition du Mexique avait je-
tées sur la politique traditionnelle de la France,
si énergiquement vengée par M. Jules Favre,
et moins encore de la blessure portée au cœur des
patriotes par cette détestable guerre d'Allemagne

dont M. Thiers, ce jour-là plus éloquent que jamais, avait prononcé d'avance la condamnation.

Lorsque, dans la mémorable séance du 3 mai 1866, l'orateur de l'opposition fit frémir la Chambre entière d'un même sentiment et parut si grand devant le pouvoir isolé, M. Émile Ollivier ne comprit pas, par trop d'élévation au-dessus de ces débats, ou ne voulut pas comprendre quelle appréhension écartait du chef incapable de l'Empire ses soutiens les plus fidèles et quelle passion, toujours vivace dans le cœur des Français, jetait enfin la majorité dans les bras de M. Thiers. Il n'a pu donc s'expliquer le vrai sens des succès, depuis ce temps si rapides, d'une opposition d'abord si faible. Il a cru que c'était faute de céder à temps à la liberté que l'Empire, mis sur le pavois au nom d'un autre principe et pour d'autres devoirs, perdait de son prestige ; il trouvait beau de le réconcilier avec elle, lorsque c'était au contraire pour n'avoir pas rempli sa mission dictatoriale que l'Empire était discrédité parmi la foule.

N'importe! il était prêt à succéder, l'heure venue, aux anciens protagonistes de la lutte républicaine et libérale. Après M. Jules Favre et M. Thiers, qui n'avaient réussi, et encore aidés par les fautes de la dictature, qu'à réveiller dans la nation le sentiment de sa responsabilité, de sa force, de ses droits, il se faisait fort de la conduire jusqu'au gouvernement, de l'assentiment du dictateur impérial.

L'un des bronzes à prétentions héroïques auxquels la France s'occupera le moins d'assurer leur part de durée, c'est la statue de M. le duc de Morny, que les baigneurs de Deauville ont saluée de leurs apothéoses. Malheureusement pour le futur réparateur de la liberté en France, ce fut sous les auspices de cet homme qu'il fut introduit dans le complot du salut de l'empire par les suites mêmes de ses fautes. Ce patronage était fait pour rendre suspects les efforts les plus vertueux. Avec le prince des dandys d'État et des faiseurs d'affaires (ancien pritchardiste du reste, pour le dire en passant, c'est-à-dire d'une fierté nationale au moins équivoque), il était difficile de ne point passer, dans cette tentative, ou comme un complice attardé du régime du coup d'État, ou comme un trop naïf instrument d'une politique arrivée à ses jours difficiles.

Je me hâte de dire que, quelle que soit la réprobation que le déserteur de la foi républicaine a encourue s'il l'a désertée au fond de son cœur, il faut attendre l'événement pour lui infliger l'injure; et que si, en effet, il a renié les dieux de sa jeunesse, jamais trahison ne fut décorée de plus de charme et de poésie. Mais achevons de développer le tableau des métamorphoses qui s'accomplissent.

L'Empire avait ainsi en 1867, au moment où s'ouvrait la session des Chambres, un serviteur ou un citoyen résolu à venir à son aide, s'il voulait enfin s'entendre avec le pays et commencer le partage des attributions. Ce que nombre de patriotes

avaient espéré en 1860, ce qu'il était alors permis
à tous d'espérer, ce fils de la République l'espérait
et l'attendait toujours, les yeux fermés sur le Mexique, les yeux fermés sur la Prusse, avec une intré-
pidité de confiance qu'il est trop tôt pour admirer et
trop tôt encore pour mépriser aussi. Que fut-il fait?
Nous l'avons vu. « Le Gouvernement a accordé de
la liberté tout ce qui pouvait être utile contre lui ;
il en a refusé tout ce qui pouvait être utile pour
lui [1]. »

C'est toujours ce que dénonce la vieille maxime :
Quos vult perdere, Jupiter dementat. Quelle « ca-
ricature [2], » en effet, que l'espèce de politique pra-
tiquée depuis la fameuse lettre du 19 janvier 1867
jusqu'aux élections de 1869 ! Qu'avaient à faire dans
cette incertaine et rude manœuvre les intérêts particuliers de ministres aussi peu éclairés sur les nécessités du temps et sur le génie de leur siècle que
MM. Rouher, de Lavalette, et finalement M. Pinard !
Passe encore que, reculant de crainte devant l'exécution de ses nouveaux engagements, l'Empire es-
sayât de s'y soustraire à demi, repoussât le person-
nage qui les lui avait arrachés, et, comptant sur la
diversion des fêtes et des tentations d'une Exposition
universelle, confiât le soin de gagner du temps aux
seules gens de la fidélité desquels leur constante
complicité lui répondît, mais quel inutile piége ou

1. *Le 19 Janvier.*
2. *Ibid.*

quelle offense à la crédulité publique que cette annonce à son de trompe de l'envoi d'une plaque de diamants offerte au ministre d'État par l'Empereur le jour où, en déclarant que l'Empire ne se transformerait pas, cet imprudent déchirait le dernier voile et offrait à tous les regards le spectacle des incertitudes constamment contraires et du vacillement déjà commencé des institutions de 1852!

Laissons enfin M. Rouher, M. de Lavalette et M. Pinard, l'idéal définitif des conseillers secrets de l'Empire. Il a bien fallu, de louvoiement en louvoiement, arriver au champ de bataille et affronter le feu des suffrages populaires. Jusque dans les campagnes, enfin soucieuses de l'avenir, les élections en mai 1869 ont prononcé l'arrêt de la France. Elle avait consenti, pour prendre un peu de repos, à confier à un dictateur la préparation de ses destinées intérieures et, pour le moins, la restauration de sa puissance en face de l'étranger, et elle s'était endormie dans l'unique préoccupation de la lutte des arts et de l'industrie contre la matière. Réveillée par deux roulements successifs de la foudre, elle a vu de quels orages son sommeil l'avait laissé envelopper; elle se relève, elle fait signe que c'est d'elle désormais que son histoire et sa fortune vont dépendre.

Eh bien, on essayera encore une fois de ruser avec les citoyens qui veulent rentrer dans l'exercice de leur souveraineté. Parce que, dans trois ou quatre bourgs pourris l'influence du ministre ou de la Cour

a fait réussir quelques ridicules candidatures, la
même curie s'opiniâtre à nier la valeur de la résolution prise et déclarée par le pays et conseille de
jouer un nouvel acte de la comédie de 1867. Lorsque
le suffrage public a mis le pouvoir en demeure ; lorsqu'il faut rendre la liberté aux libéraux et laisser à la
démocratie le soin de s'organiser, on remercie, il
est vrai, M. Baroche, qui fut vingt ans l'un des
maîtres-jacques de la politique antidémocratique et
antilibérale ; mais c'est pour élever encore d'un
rang M. de Forcade la Roquette, le frère de M. de
Saint-Arnaud, et, par une absolument inexplicable
intrigue des intérieurs du palais, un inconnu,
M. Bourbeau, remplace, au ministère de l'Instruction
publique, M. Duruy, le seul des ministres de l'Empire qui ait obtenu de la popularité ! Voilà bien
le système qui, dès le vote républicain et napo-
léonien du 10 décembre 1848, appelait M. de
Falloux, un homme de la Restauration, au gouvernement des écoles[1], et, plus tard, affranchi de la
République, faisait commencer l'Empire comme la
seconde Restauration commença ! Jusqu'à la dernière heure l'obscurité des motifs, l'indécision des
tendances, l'invraisemblance des résolutions ! En vérité nous avions été bien généreux, au moment
de la guerre d'Italie, de vouloir oublier le passé
et bien augurer de l'avenir.

---

1. *Hæc tibi ridicula videntur, non enim ades, quæ si
videres, lacrymas non teneres* (Cicéron, *ad Familiares*).

Cependant la force de l'opinion, comme une vapeur longtemps captive, mais qui va vaincre les engins de sa captivité, ébranlait dans toute la machine gouvernementale les plus résistants ressorts et palpitait sous les dernières chaînes. Du sein même du Corps législatif sortit la proposition d'ouvrir une issue à cette force menaçante, et de ce moment l'ancien Empire n'exista plus.

Mais quel gouvernement lui succède? Quel usage la France va-t-elle faire de la puissance qu'elle a reprise? Où en sommes-nous enfin dans ce pêle-mêle de principes renversés et de principes contraires qui se relèvent?

VI

Établissons d'abord un point, c'est que, à aucun prix, pour aucune raison, l'autorité impériale, telle que l'ont entendue les théoriciens de 1852, ne doit remonter au gouvernement des affaires de la France. Si c'est un grand malheur pour les doctrinaires du bonapartisme, qui s'occupent plus volontiers d'une race passagère de princes que de la fortune permanente d'un peuple, qu'ils s'en prennent aux conseillers qui ont amené là l'omnipotence césarienne, et aux causes diverses qui ont fait échouer la seule mission que les destins pussent confier au neveu de Napoléon! La Providence ne semble pas avoir favorisé ceux qui sans cesse, depuis que la République leur a rouvert l'histoire, se sont réclamés d'elle ; ou, si elle a jeté un regard sur eux, par quel caprice a-t-elle tenu le prince dans l'immobilité d'une maladie mystérieuse aux jours de la crise suprême de son autorité ? Surpris un instant par un reste de la servilité des temps, les esprits timides ont alors ressenti un reste d'effroi à la pensée que, un homme ôté du nombre, les trente-huit millions de Français que nous sommes, nous allions peut-être périr ; mais chaque jour a depuis rendu le sentiment de leur force aux plus faibles, et le fétichisme des dictatures viagères ou héréditaires est déraciné de toutes les âmes.

A l'œuvre donc, ô France ressuscitée ! Pourvu qu'elles soient sincères, et que ce soit dans les cœurs de ceux qui t'aiment, laisse agir de toutes parts toutes les passions du réveil et de la vie ! Et qu'on ne s'étonne pas d'un peu d'effervescence au sortir de la gêne ! Qu'on ne demande pas l'accord trop rapide des pensées et des choses. Ce n'est que devant un grand péril national, ce n'est que devant l'ennemi que

Tous les partis rapprochent leurs drapeaux.

Ah ! qu'il serait beau, dans le combat généreux qui se rallume, d'avoir non pas seulement la foi, mais le talent, mais l'éloquence, et en traits de lumière, à la face du peuple entier, de peindre le programme de l'avenir ! Qu'il serait doux d'assoupir la haine, d'illuminer l'ignorance, d'abreuver de confiance la timidité ! C'eût été l'ambition, et c'était le rôle d'un Lamartine. Mais, quand les caractères ou les talents ne sont pas encore à leur poste, au front de bandière de la nation, que ceux-là du moins qui ont une bonne conscience et une bonne volonté balbutient déjà les mots de ralliement !

L'Empire autoritaire n'existe plus. Rallions-nous d'abord pour l'empêcher de revivre.

Mais, quoi qu'on fasse pour ce prodige, comment la mort se ranimerait-elle ? Comment l'Empire qui avait dans les mains, il y a quelque temps encore, toutes les forces du pays, et qui n'a pas su s'en servir pour la gloire de la France et pour la sienne, pourrait-il, aujourd'hui qu'il ne les a plus, tenter la seule entreprise qui lui rendrait quelque prestige ? On ne saurait rappeler ici le souvenir du coup d'État du 2 décembre. L'homme qui a fait le coup d'État avait pour lui les espérances d'une partie du peuple ignorant et la lassitude d'une partie des classes éclairées ; il aurait contre lui la désillusion des masses et l'ambition d'agir reparue chez les gens instruits. Beaucoup de sang a coulé, le 2 décembre, pour que la force et la ruse vainquissent les lois presque désertées : quels torrents il y en aurait à répandre à cette heure, avant que les rejetons des lois commencent de fléchir ! L'Empire autoritaire n'a donc plus ni les moyens matériels ni

les moyens moraux d'essayer une seconde carrière.
Pourquoi ne pas dire aussi que vingt ans de pouvoir
absolu sont un poison dangereux pour n'importe quel
tempérament, et, à plus forte raison, pour le caractère et le corps de qui n'était pas fait, chacun l'a vu,
pour une si grande dictature? L'audace, l'habileté
même a manqué depuis longtemps déjà là où l'expédition du Mexique s'est résolue, là où la guerre d'Allemagne s'est laissé faire! Jusqu'au viril sentiment de la
prétendue mission napoléonienne, tout s'est évanoui.
Non, la liberté n'est plus en présence de personne.
La démocratie n'a plus à compter que sur soi.

Mais l'Empire libéral, mais l'édifice de 1851,
couronné par les institutions sur les débris desquelles
il a été fondé, n'est-ce donc pas une assez large
tente dressée où, pour un temps indéfini, la démocratie et la liberté peuvent prendre conseil et régler
leur accord? Ici commencent pour quelques-uns
l'obscurité de la situation et l'incertitude des partis
à prendre.

Dans l'intimité de sa conscience, l'honnête homme
a su bien vite trouver une réponse. Il y a entendu
prononcer la peine du talion pour la puissance
impériale qui a détruit la puissance républicaine, et
qui, après avoir empêché la République d'accomplir
ses devoirs, n'a pas su accomplir les devoirs de
l'Empire. Point de doute pour le moraliste pur;
mais pour le politique, pour celui qui sait ce que
coûte à un pays l'ébranlement du gouvernail de
l'État et qui voit que, si les gouvernements se pu-

nissent successivement les uns les autres, c'est toujours l'État, c'est toujours le pays qui est frappé, pour celui-là les questions ne sont pas si nettes et la décision si aisée.

N'envisageons, par conséquent, que l'intérêt de la France, et aujourd'hui encore, ô patriotes, soyons de bons citoyens.

Mais l'intérêt de la France, après tant d'illusions et d'erreurs, n'est-ce pas de ne plus croire à la stabilité incertaine des mobiles monarchies et de se retirer le plus tôt possible dans le port aux eaux profondes et sûres du gouvernement complet de la nation par elle-même? Seulement la manœuvre sera difficile, car tout le vent n'est pas tombé, les phares ne brillent pas de toute leur lumière, et manquer l'entrée de cet abri définitif, ce serait pour trop longtemps sans doute redevenir le jouet des flots. Si donc nous devons nous diriger avec le plus d'accord possible vers le point où nous jetterons l'ancre en sûreté, ne nous refusons pas d'abord à rester un jour ou deux sur la rade, attendant qu'un robuste remorqueur se présente, et, à toute fin, réparant de notre mieux nos agrès déchirés par l'orage.

De certain il n'y a encore que cette perspective du repos; l'heure, le moyen d'y toucher, nul ne sait au juste quels ils doivent être, mais quelle joie déjà d'être sauvés d'un si long exil de la terre de liberté!

Aussi ne veux-je pas médire, pour ma part, et quoi qu'il fasse, de celui à qui, d'une manière ou d'une autre, qu'elle le veuille ou non, la France aura dû que la liberté reparaisse à nos yeux un peu plus tôt que par la seule pente des choses. C'est à nous maintenant de nous en saisir avec force, et de ne pas souffrir que, pendant que les uns en reprendront possession sans vouloir autre chose que l'ancienne liberté, les autres se laissent déposséder de la démocratie.

Jusques aujourd'hui, après avoir hésité, c'est-à-dire réfléchi, c'est-à-dire écouté les conseils divers de la passion et de la raison et discuté jusqu'aux plus légers reproches de l'honneur, le citoyen peut sans crainte, je ne dis pas voter le plébiscite qui attache l'Empire à la liberté, mais, si en effet la majorité du pays accepte cette arrangement purement provisoire — sans donner sa confiance au gouvernement parlementaire qui surgit, lui prêter quelque temps le concours de son silence et de son immobilité.

Les impatients, dans ce désordre, risquent trop de passer pour les complices d'une restauration du despotisme. Et quant aux malheureux que tous les mouvements subits de la politique font sortir de leurs vices et de leur misère, et qui, pour n'en pas connaître les bienfaits, saccageraient sans regret à toute heure la civilisation la plus brillante, ne laissons à personne l'honneur de les désarmer. C'est à nous-mêmes de leur dire que les temps approchent, s'ils le veulent bien, où moins de misère et moins de vices déshonoreront l'humanité, et que c'est dans l'intérêt du plus corrompu et du plus misérable que nous ne voulons plus, à aucun prix, souffrir les émeutes et les guerres civiles.

Évidemment, ce ne serait pas M. Émile Ollivier qui dirigerait la transformation de la politique intérieure du pays, si les choses avaient suivi leur cours régulier. Il n'est en définitive que le dernier ministre du régime du bon plaisir et des surprises. De même qu'ils ont battu en brèche l'Empire, à la tête de deux partis nécessairement coalisés, c'est M. Jules Favre, c'est M. Thiers qui devraient être montés au gouvernement, leurs plus robustes lieutenants à leurs côtés. Mais une telle union dans le triomphe n'est pas dans l'ordre des réalités. Ils se fussent divisés déjà, et c'est pour retarder jusqu'à un moment plus propice la division de ces deux forces que l'intervention de M. Émile Ollivier est heureuse.

Il pourrait oser en effet ce que ni l'un ni l'autre n'auraient pu tenter. Sa responsabilité n'est pas la leur, et, en se détachant comme il l'a fait du parti qui l'enfanta, il a permis à de bons citoyens, plus scrupuleux ou moins confiants que lui, de rester sur le qui vive et de se mieux préparer pour le moment où il leur faudra monter pour la première fois ou reparaître sur la scène.

Ce service, il l'aura rendu, et il est grand. Préparateur, dès 1866, de la restitution de la liberté, c'est aux risques et périls de son honneur qu'il est allé à l'ennemi signer un pacte, et nous, sans rien compromettre du dépôt sacré de nos souvenirs et de nos rêves, nous jouissons de ce qu'il a osé!

Quoique passionnés, ne nous est-il pas possible d'être justes? quoique impatients, d'être attentifs? Était-ce M. Thiers seul, tant que la forme, au moins, de l'Empire de 1852 reste debout, qui pouvait signer un compromis au nom de la démocratie et de la liberté? Était-ce M. Favre? Celui-ci moins encore. Comme toujours, c'est l'inattendu qui a fait œuvre, mais l'inattendu est toujours dans la possibilité des choses et les réserves de l'avenir sont immenses.

Les clameurs habituelles, puis le contre-coup du sinistre événement d'Auteuil ont, dès les premiers jours, arrêté le nouveau ministre dans sa marche. Jamais métamorphose de théâtre, faite pour étonner, ne vit plus brusquement suspendre le déploiement de ses décors. Dans le trouble des manœuvres manquées des fautes ont été commises, mais elles ont été couvertes par le seul acte de la répudiation du mensonge des candidatures à l'aide desquelles quatre fois l'Empire dictatorial a paru être le vœu réfléchi et constant de la France.

Pourquoi faut-il que, depuis, M. Ollivier et la majorité de ses collègues aient si peu montré de force ou d'adresse devant les piéges dressés à la fois pour eux et pour la liberté, et pour la démocratie? A quoi bon une constitution de hasard greffée sur le support de celle qui périssait? Et quelle misère que d'accorder tout à coup aux plus anciens complices du coup d'État de 1851, que le peuple sera invité à procla-

mer l'Empire, sous prétexte de lui imposer la liberté!
Néanmoins je ne puis considérer ni comme un ennemi, ni comme un traître, l'homme qui a écrit le
livre intitulé *le 19 Janvier*, et, depuis l'acte du
24 janvier, je me laisse aller au plaisir de croire
qu'il a été suscité pour la liberté, et qu'il ne l'aura
pas été contre la démocratie.

VII

Toutefois, point de faiblesses! car, à partir d'aujourd'hui, les deux courants d'opinion qui, au travers des couches inégales de la société française,
se sont frayé leur chemin jusque sur le sommet du
pouvoir absolu, peuvent se détacher l'un de l'autre, et, si le patriotisme n'y veille, des gens trop
habiles ou des insensés les conduiront à se combattre. Lorsqu'à la première page de cet écrit
nous rappelions que le premier Empire a laissé la
France aux prises avec l'ancien régime et maudis-
sions l'Empire d'imitation, s'il nous force à refaire
après lui l'ouvrage de 1848, nous étions tout à la
pensée qui inquiète le plus les défenseurs du double
et désormais unique programme de 1789 et de 1792.

Durant la dernière législature, la plus large
part d'influence a appartenu à M. Thiers. C'est lui
qui, dans les grandes occasions, a décimenté la majorité jusqu'alors si résistante; plus que personne,

et sans contredit bien plus que M. Émile Ollivier
dans ses pratiques avec les conseillers du pouvoir,
c'est lui qui, publiquement, a conduit non-seulement
quelques groupes de la Chambre, mais ce qu'on appelle la haute et la moyenne bourgeoisie, dans le
chemin de la liberté parlementaire. Il était donc
naturel que le jour où les libertés qu'il a qualifiées
du titre de nécessaires rentreraient chez nous, ses
amis et lui fussent au premier rang du cortége.
M. Émile Ollivier, quel que soit son plan secret de
conduite, quelle que soit son ambition, et quoi qu'il
ait dit contre le parlementarisme particulier qui
est l'idéal de M. Thiers, se trouvait dans la nécessité de lui faire une part dans le nouveau gouvernement. On peut trouver que cette part est large et
que les commissions consultatives entre lesquelles,
comme après la mort de Louis XIV, se divise la
besogne des ministères, sont trop exclusivement
composées de personnes pour lesquelles 1848 est
tout aussi coupable que 1852. On peut même se
demander par quelles raisons l'élément clérical y
figure, et, par exemple, si les électeurs de la
sixième circonscription de Paris, en écartant
M. Guéroult du Corps législatif, comme suspect de
bonapartisme, entendaient pousser aux affaires
M. Cochin, que Paris a failli avoir pour préfet;
mais, en somme, le coup de chapeau donné aux anciens premiers et seconds rôles de la monarchie
constitutionnelle, et satisfaction accordée aux peti-
tes vanités qui rampent toujours au travers de tous

les changements, rien n'empêche que le gouvernement, se préoccupant peu des petits décrets provi-
soires de ces académies politiques, ne s'adresse
qu'au pays pour connaître ses besoins véritables et
sa volonté entière. Il faudrait pour cela, va-t-on
dire, que le ministère fût composé d'autres hommes.
Cela n'est pas si nécessaire qu'on l'imagine. Une
fois au gouvernail les tempéraments se développent,
les caractères se modifient : aux uns vient la har-
diesse et l'envie de laisser un nom ; aux autres
l'obstination du pouvoir suffit, et, au lieu d'être les
délégués d'une coterie sans importance, ils sont quelquefois des hommes d'État dignes d'agir.

Mais ces pages ne sont pas écrites pour prendre
la défense, encore moins pour faire l'apologie d'un
ministère qui, nous l'allons dire, n'obtiendrait l'appui
des patriotes, le plébiscite voté, que s'il avait donné
des gages de patriotisme.

On ne voit encore là que d'honnêtes gens, très-
fiers de l'honnêteté de leurs intentions, et en faisant
parade, comme si bien des fois déjà la monarchie
constitutionnelle n'avait pas eu de semblables cabi-
nets à son service, qui l'ont laissée choir dans l'abîme,
et comme si la République même n'avait pas eu ses
ministres aux intentions pures ; comme si, enfin, les
plus connus des honnêtes gens que nous voyons
paraître au pouvoir ou reparaître dans les nouvelles
commissions n'avaient pas été au pouvoir deux et
trois fois, sous la présidence de Louis Napoléon Bonaparte, sans aucune utilité pour la France, et pas

même pour la liberté ! Le rétablissement de la liberté
parlementaire détruite en 1851 ne les lave pas à nos
yeux de la complicité de la plupart dans la destruction de la République[1].

Changer de prince et de dynastie, ce n'est pas à
quoi pense le peuple, ni dans les campagnes ni dans
les villes. Il n'a laissé succomber la République que
parce qu'il a confondu la dictature impériale avec
la République elle-même ; si l'Empire finissait, il ne
remonterait pas par-dessus la République jusqu'à
la royauté bourgeoise ou à la royauté féodale. Les
pygmées qui se trémoussent, il en fait d'avance bon
marché ; et, en effet, combien il y a de folie et
d'ignorance à projeter, même à souhaiter que la
Révolution de 1789 et de 1792, ne s'accomplisse pas
tout entière!

Ce n'est pas du moins tant qu'il subsistera un ves-
tige d'Empire, que l'on s'attaquera au suffrage
universel. Et à défaut de l'Empire, quel est donc le

1. « Au mois de novembre 1851, dans une réunion qui
eut lieu chez M. Daru, et à laquelle assistaient M. de Montalembert, M. Buffet, M. Chassaigne-Goyon, M. Quentin-
Bauchart, M. Baroche et M. Fould, M. Rouher lut et appuya
un projet de décret ayant pour objet de réviser la Constitution à la simple majorité et d'imposer le vote à la mino-
rité par la force. M. de Montalembert soutint le projet avec
la plus grande énergie ; il alla même jusqu'à proposer de
faire un appel au pays, quand bien même le décret n'obtiendrait pas la majorité. Cent soixante députés signèrent la
proposition qui fut portée au Président. »
    Granier de Cassagnac (préface de la réimpression de
son Récit du *Deux décembre.*)

gouvernement parlementaire du suffrage universel ?
Théoriciens, feuilletez Aristote, Cicéron, Montes-
quieu, Delolme, Benjamin Constant, John Stuart
Mill, vous n'y trouverez pas un argument pour
empêcher que ce gouvernement soit la République,
et vous en trouveriez mille qu'elle les pulvériserait
par son avénement.

Le plébiscite à double entente sur lequel l'Empire
compte pour prolonger sa vie, si on se rend bien
compte des motifs qui déterminent les uns à le voter,
les autres à le combattre, n'est pas autre chose qu'un
acte de foi démocratique. La majorité des votants
veut dire : « L'Empire démocratique et libéral en
attendant la démocratie et la liberté tout entière, »
comme la majorité des opposants veut dire : « La
République le plus tôt possible, et dès aujourd'hui
s'il se peut. »

J'espère que, sur ce point, il n'y a d'obscurité
que pour ceux qui ne veulent pas voir la lumière de
la vérité. Avec un suffrage restreint, oui, la monarchie constitutionnelle et ses fictions peuvent revivre, et encore qu'y gagnerait le pays, même pour
l'ordre matériel ; mais avec le suffrage universel il n'y
a — ou qu'un gouvernement concentré : la dictature
personnelle et passagère, — ou qu'un gouvernement
parlementaire : la République. Nous avons eu l'Empire, qui était la dictature du suffrage universel ;
nous aurons, dans un temps donné, la République,
qui en est le gouvernement constitutionnel ; mais
nous n'aurons pas une seconde épreuve de la royauté

de Juillet; et de la royauté de droit divin l'ombre
même est morte.

Prenez-en donc votre parti, esprits délicats,
philosophes de loisir, artistes de cour, vous, surtout,
gens aux appétits épais, qui trouvez si doux de n'avoir
pas à faire de politique; prenez-en votre parti sans
colère, car le suffrage universel ne souffrira pas
qu'on lui manque de respect. Et si, comme on le
murmure, parce que les apparences l'indiquent, si
ces grands décentralisateurs et ces illustres protec-
tionnistes des Commissions, mises en fonctions par
le ministère de M. Émile Ollivier, creusent des mines
pour l'assaillir, si M. Thiers est leur chef, que dès
aujourd'hui l'alliance consentie en 1863 se rompe,
et que, plus hardie en approchant du but, la démocratie repousse au large tous ses adversaires et avec
ses adversaires, ses alliés devenus suspects.

Mais il n'est pas vrai que M. Thiers, après les
nouveaux services qu'il a rendus à la liberté, comme
dans sa jeunesse, et, redevenu populaire par là,
risque, en combattant la démocratie comme il l'a
fait en 1848, de ne pas achever sa renommée. Si
des tribuns, comme M. Jules Favre, n'ont pu, dans
cette campagne commune, ne pas admirer sa vigilance, son courage, son adresse, et ne pas lui en
marquer leur reconnaissance au nom de leur parti,
M. Thiers, par un mouvement semblable, s'est senti
attiré vers des hommes dont, en 1848, il se hâta
trop d'être l'ennemi. Les absurdités de la déma-
gogie le trouveraient aussi vif pour les combattre;

mais la démocratie n'a plus à craindre, espérons-le
du moins, que ses principes mêmes le révoltent, et,
quel que soit le gouvernement que la France désire,
s'il donne ou maintient la liberté, il ne le desservira
point. Modérateur de cette bourgeoisie, que le
moindre de ses discours enchante, l'un de ses soucis,
s'il veut atteindre à la gloire complète de l'homme
d'État, sera de lui faire aimer le pays pour le pays,
et de la déshabituer de la croyance aux vertus et
aux talents d'une race royale plutôt que d'une
autre.

Il a toutefois un plus grand service à rendre,
c'est de demeurer, jusqu'à son dernier souffle de
vie, la sentinelle de l'ancien patriotisme français.

VIII

Le plus sanglant reproche que l'on puisse faire au
système et aux hommes dont notre sort a dépendu
depuis vingt ans, ce n'est pas d'avoir promis l'ordre
et la prospérité matérielle et de finir dans les
émeutes et les faillites, ce n'est pas d'avoir renversé
et bafoué la liberté, ce n'est pas d'avoir contribué
de toutes les manières et jusque par la répartition
du travail à la décadence générale des mœurs ;
c'est d'avoir tué le patriotisme ! Oui, et personne ne
se lèvera pour me contredire, le patriotisme est
mort en France, chez le peuple le plus patriotique

du monde, et il a cessé de vivre parce qu'un Napoléon régnait. Ironie mille fois plus cruelle que toutes les expiations rêvées par le Juvénal de Jersey, c'est de 1852 que datera la destruction d'une vertu publique si naturelle en France, et qui est si nécessaire à un peuple que parfois elle peut lui tenir lieu de toutes les autres !

Mécontents de notre humiliation intérieure, même ceux qui se l'expliquaient et même ceux qui demandaient d'être assujettis, nous avons usé de ce qui nous restait d'énergie non pas pour nous affranchir, mais pour anéantir dans les âmes le sentiment auquel on pouvait attribuer le retour de l'Empire. Le poëte de la patrie, Béranger, a été un moment injurié par de sincères amis de la liberté et de la démocratie ; mais c'est Napoléon surtout, c'est l'armée, c'est l'éclat des armes que, sans même nous targuer de philosophie, le dépit nous a poussés tous ou presque tous à traîner sur la claie. Jamais l'histoire n'a eu à peindre une telle exécution. Jamais, de gaieté de cœur, une nation ne s'est ainsi dépouillée de sa gloire. Les intérêts nouveaux de la civilisation ont bien chez tous les peuples semé le germe de la paix future ; mais aucun, si ce n'est nous, ne consentirait encore à sacrifier à la philosophie humanitaire ou à l'économie politique le moindre lambeau de sa fierté. Nous, nous avons été jusqu'au bout du sacrifice ; nous bafouons maintenant l'homme assez en retard sur l'esprit du siècle pour sentir son cœur trembler au passage des vieux drapeaux que les enfants des Gaules ont tant de fois, et naguère encore, tenus si fermes dans les périls ; et, malheur suprême si bientôt nous n'en devions pas guérir, l'un des mots d'ordre de la basse démocratie, c'est de provoquer à la désertion ou d'insulter ces pauvres soldats, enfants du peuple, qui demain peut-être iront sur le Rhin réparer nos fautes et reconquérir notre honneur.

N'en accusons que ceux qui ont jusqu'à cet excès de honte désolé nos âmes ! Le sang ne bouillirait-il pas dans les veines les plus froides quand l'un d'eux [1] nous dit que « la France est plus connue par Napoléon que Napoléon par la France ? »

Quoi qu'il en soit, quelle folie est la nôtre ! De braves gens, reniant leurs aïeux, vont déclamant que les races latines succombent sous le poids de l'âge, et que, si elles avaient encore un avenir, l'adoration des dictatures a empoisonné pour jamais leur sang. Il n'y a plus de large champ ouvert que pour les fils des Anglais et des Saxons, et c'est le peuple américain qui domine dès à présent l'histoire. D'autres regrettent que leur existence ait été attaché à ce sol de Gaule et de France, et, s'ils étaient jeunes, ils iraient, disent-ils, faire de l'industrie ou du commerce de l'autre côté de l'Océan. Que sais-je ? D'autres, plutôt que d'être Français, prendraient plutôt pour idéal le peuple russe, si près encore de l'Esquimau ! Non, non ; ce n'est pas

---

1. M. Pierre-Napoléon Bonaparte, dans les articles de journal qui ont coûté si cher à la paix publique.

d'être fils de la France que vous rougissez, c'est de
n'avoir pas mieux su sauver chez vous le trésor de
la liberté. Avec la liberté reprise, que la fierté du
sentiment national, que le patriotisme reparaisse !

Et ces mêmes blasphémateurs admireront chez
leur ennemi ce qu'ils rougiraient d'être encore. Ils
ont un éloge pour le patriotisme étroit d'un Pal-
merston, ils ont du respect pour le patriotisme bru-
tal de M. de Bismark.

Il est malheureusement vrai que, à l'étranger, on
n'a pas de bien vives sympathies pour nous : mais
veut-on que les États-Unis que l'Empire a essayé de
déchirer aiment beaucoup la France ; que le Mexique qu'il a assailli et ensanglanté, que toutes les
républiques de l'Amérique espagnole, solidaires du
Mexique, votent des actions de grâce à la France ;
que l'Allemagne, qui sait à quoi s'en tenir sans
doute sur les sympathies de l'Empire pour elle, et
quels devoirs il laisse à remplir aux générations qui
viennent, embrasse la France comme une sœur ;
que l'Italie elle-même que l'Empire a délivrée de
l'Autriche, mais en lui imposant le respect de la
Rome papale, c'est-à-dire en lui laissant un poignard
au cœur, ne songe qu'à chanter les bienfaits de la
France ? Pauvre France, elle a versé son sang, elle
a donné son or, elle a, dans toutes les querelles
ouvertes, témoigné de sa sympathie pour les bonnes
causes, et, parce que l'Empire n'a pas eu une franche
et fière politique nationale, tous les peuples lui jet-
tent la pierre. Mais ne sommes-nous pas pour quelque

chose aussi dans ce concert de maléd·   ? N'a-
vons-nous pas les premiers soulevé   voile sur la
nudité de la mère patrie? Au lieu,   vivre en peuple
libre ou de dire nettement au mo   pourquoi nous
supportions la dictature, n'avons nous pas gémi lâ-
chement, en France et hors de France, dans nos
journaux, dans nos salons, dan   s congrès soi-
disant philosophiques, sur des m   heurs qui, après
tout, pouvaient n'être pas des   eux? L'envie
universelle nous a pris au mot. Mais, ô ciel,
l'envie se trompe, et la France n'abdiq
rang qu'elle tient, depuis mille ans, à la tête des
peuples.

Pour le reprendre nous n'avons qu'à dire. Nous
en étions venus jusqu'à nier nos sciences, nos arts,
notre littérature, notre raison, notre génie. Est-ce
que, maîtres de nous maintenant, cette hypocrisie
de modestie va durer?

Vous n'osez pas redevenir l'ancienne France, si
hardie, si orgueilleuse, et alors si respectée ou si
crainte! Je vous parle, ô libéraux! Voici ce qu'écrit
de nous un Anglais, un libéral, un homme dont naguère M. Thiers vantait les écrits économiques à la
tribune [1].

« Nous ferons un meilleur emploi de notre énergie
« en aidant nos frères d'Allemagne dans leurs péni-
« bles efforts pour arriver à l'unité qu'en donnant

----

1. Sir Ch. Wentworth Dilke, auteur de l'ouvrage *Greater
Britain.*

« notre concours à la France impériale pour qu'elle
« répande le « *benoitonisme* à travers le monde.

« Nous le voudrions que nous ne pourrions de-
« meurer spectateurs indifférents des extravagances de
« la France... La race anglaise a une mission, c'est
« d'empêcher que le repos de l'humanité sur cette
« terre dépende de la volonté d'un seul homme. »
Mais ce langage n'est peut-être pas pour déplaire à
ceux qui croient qu'ils viennent de mettre à bas le
pouvoir personnel. Ils diront que la pensée en est
saine et que ce patriotisme anglais n'attaque pas la
France désenchaînée. Et ces mots d'un philosophe,
du docteur des gouvernements représentatifs, John
Stuart Mill : « On a remarqué finement que, quand
« quelque chose va mal, la première impulsion des
« Français est de dire : « Il faut de la patience, » et
« celle des Anglais : « Quelle honte ! » Le peuple
« qui regarde comme une honte de voir quelque
« chose aller mal, qui court à cette conclusion que
« le mal aurait pu et aurait dû être empêché est
« celui qui, à la longue, fait le plus pour rendre
« le monde meilleur. » La passion n'y est pour
rien ; c'est froidement que ce penseur, placé au-
dessus des préjugés, rejette ici la France, comme
puissance civilisatrice, au-dessous de l'Angleterre. Il
est Anglais ; je ne l'en blâme pas, mais

En France soyons Français !

Et vous, sombres rêveurs de l'absolue démocratie,
vous dont je partage l'espoir, mais dont je ne sup-

porte pas la sévérité pour notre chère patrie, écou-
tez ce qu'écrivait il y a quelques jours le grand
agitateur de l'Italie, Mazzini :

« La France, terre de l'imprévu, peut se réveiller
« demain ; mais il n'y a pas de raison de croire qu'elle
« le fera, ou qu'en le faisant elle pourra réussir.

« Quant à moi individuellement, le rêve de toute
« ma vie, l'inspiration de toutes mes pensées et de
« tous mes efforts a été l'initiative italienne ; je veux
« la troisième Rome, devenue cœur de l'Italie, à la
« tête de l'époque nouvelle. Mais en laissant de côté
« cet idéal, qui est peut-être une illusion de mon im-
« mense orgueil national, je vois les dangers d'une
« initiative française dans l'affaissement servile des
« autres pays. Si elle a lieu, le prestige ancien renaî-
« tra certainement, et nous voilà encore à la remorque
« de la France pour un quart de siècle. Je n'ai aucune
« impatience de voir s'accomplir la Révolution de
« France. » Ce sont là les accents d'un révolution-
naire, mais aussi ceux d'un patriote. Il médit de
nous, même en saluant le souvenir de l'ancien prestige de la France, et, plutôt que de nous devoir la
révolution démocratique qu'il espère, il l'ajourne ;
mais comment ne pas pardonner à l'aveu de cet
« immense orgueil national » que même un Italien
peut ressentir, et que, nous, la France, nous rougi-
rions d'éprouver !

N'interrogeons pas d'autres témoignages, n'allons
pas transcrire cette admirable page de Thucydide
où Périclès, en faisant l'oraison funèbre des guerriers

d'Athènes morts au combat, rappelle au peuple entier ce que chacun doit d'amour et de dévouement
à la patrie, et déclare que c'est moins encore aux
pauvres et aux déshérités qu'aux riches et aux heureux de ce monde qu'il importe qu'elle soit grande
et respectée.

En vain une imprudente sagesse nous arrêterait
ici et nous dirait que les idées antiques disparaissent : elles ne disparaissent ni de l'Allemagne, ni de
l'Angleterre, ni de l'Amérique, ni de l'Italie ; — que
les peuples ne veulent plus passer sous le fléau sanglant
de la guerre : l'Amérique n'a pas hésité à payer l'af-
franchissement des noirs de la vie de 400,000 hommes,
et la Prusse, si érudite, si pleine de professeurs de
droit et de philosophie, n'a pas craint de mettre
l'Europe en feu, le jour venu où la grandeur nationale fut en question ; — que les nations ont le droit
d'achever leur unité et que la nôtre est faite : elle
n'est pas achevée tant que nous n'avons pas relevé
les fortifications d'Huningue en haut de la vallée du
Rhin, et que nos couleurs ne flottent pas tout le long
de la rive de ce fleuve ; — que les frontières d'autrefois ne sont plus une force pour un pays : Richelieu a écrit dans son testament qu'il faut être insensé
pour ne pas s'occuper d'avoir de bonnes frontières militaires; — que nous n'avons pas le droit de troubler
la paix générale : on ne parle pas de faire la guerre
sans raisons, mais de profiter des occasions, comme
l'ont fait nos rivaux, comme l'a fait toute l'Europe
depuis 1789, contre nous et à notre préjudice, et

l'on ajoute que c'est seulement quand la France aura ses frontières naturelles que la paix de l'Europe sera sûre.

S'il était démontré que pour toujours le bruit du tambour ou du clairon se va taire, la France aurait à hésiter avant de se décider à frapper le dernier coup d'épée qui retentisse dans le monde; mais, malgré les prédications des Congrès et des Ligues, la guerre, hélas! fera verser encore bien du sang et bien des pleurs. De métier à métier, de village à village, l'homme est toujours en dispute, et pour des vétilles. De peuple à peuple, au moins, la guerre a souvent remué des idées en coûtant ces pleurs et ce sang. Dès les premiers jours de l'histoire ce ne sont pas seulement les mères qui l'ont maudite; les poëtes et les rêveurs ont annoncé qu'elle disparaîtrait au siècle suivant leur siècle. Rien que depuis 1815, que de sacrifices on a fait même en France, et en pure perte, au maintien de la paix universelle! Il a fallu que ce fût chez la nation la plus jeune, la plus activement engagée dans les travaux de la paix, que les plus repoussantes horreurs de la guerre éclatassent, et, si les champs de l'Europe sont menacés de nouveaux combats, le perturbateur est précisément la Prusse universitaire et philosophique. Que croire donc de l'avenir? Et pourquoi désarmer la France des chances que sa grandeur a le droit de conserver?

Si, pour ce qui me regarde, j'ai de la sympathie pour M. Thiers, c'est parce qu'il a dit dans son Histoire que, en 1814, il fallait livrer bataille dans Paris même, et y risquer l'incendie de nos richesses, si, après la victoire, nous avions pu reparaître à Mayence et à Cologne.

Mais renoncer à des frontières solides, quand tous les peuples s'agrandissent, quand cette libérale Angleterre ne lâche ni Malte, ni Heligoland, ni Gibraltar ; y renoncer, réduire même notre puissance militaire, dégoûter des armes nos soldats, et livrer sans défense aux jalousies, aux haines d'aujourd'hui et de demain l'unique grande démocratie d'Europe, la véritable institutrice des peuples modernes, l'initiatrice désintéressée du progrès, l'espoir, l'appui des Républiques qui naîtront, que nos ennemis, que nos rivaux seuls nous le conseillent, s'il leur plaît ! Le sens commun nous interdit la naïveté de nous répéter nous-mêmes à nous-mêmes ces avis charitables.

En 1848, ce fut pour avoir trop aimé la philosophie humanitaire et avoir trop sacrifié la grandeur extérieure de la République à l'examen des querelles interminables du socialisme industriel que nous avons eu à livrer des batailles de guerre civile. Leur souvenir pèse sur toute notre histoire d'aujourd'hui ; s'il y a eu un second Empire, c'est moitié à cause de Waterloo non vengé, et moitié à cause du siége des faubourgs du Temple et Saint-Antoine. Où est le profit de ces sinistres journées ? Le patriotisme a commencé d'y périr. Une part de l'énergie criminelle qui y fut dépensée aurait affranchi dix ans d'avance l'Italie, débellé la vieille monarchie légitimiste et catholique de Vienne et saisi le Rhin sur la Prusse, de l'aveu de la Prusse. Qui sait? La Pologne avait peut-être encore assez de force dans la main glacée qui soutient la pierre de sa tombe pour nous aider alors à l'en sortir.

Ah! ne recommençons pas le même enchaînement d'erreurs et de mésaventures. Après avoir méprisé Louis-Philippe parce qu'il faisait du maintien de la paix un système de gouvernement, le peuple belliqueux de France se doit, non pas d'appeler la guerre de ses vœux, mais de préférer les guerres étrangères aux guerres civiles, surtout quand il s'agira de réparer nos frontières.

Sans cela, l'équivoque finirait par ronger notre caractère national et nous avons besoin, pour nous et pour les peuples mêmes qui nous décochent les traits de leurs satires et de leurs chansons, de dévoiler aux regards de l'univers l'antique et pure image de la France.

Qui de nous n'a été fatigué, dans ces tristes années qu'on vient de vivre, par les petits écrits de quelques freluquets qui, bariolés de rubans et pourvus de places agréables et lucratives, se sont permis d'un ton aimable de nous souhaiter pour l'avenir des destinées meilleures, en regrettant bien, sur leur honneur, qu'il nous fallût attendre; mais la nation est si légère et elle a si grand besoin, avant d'être émancipée, de prendre des leçons de libéralisme des Anglais! On se désolait ainsi sur la nécessité d'ajourner cette liberté si chère mais si remuante et, la phrase faite, on la sacrifiait avec un calme parfait pour garder sa fonction non moins chère et obtenir de l'avancement.

Jamais sarcasme ne fut plus cruel au cœur de celui qui aime passionnément la patrie et la liberté. On accuse de légèreté le pays qui, dans les arts et les lettres, a produit les œuvres les plus raisonnables, les plus logiques, les plus fortes, le pays de Corneille, de Molière, de Bossuet, de Rousseau, de Descartes, de Cuvier, du Poussin, du Puget. On lui reproche son incohérence, lorsqu'il n'est pas de peuple qui ait directement, oui, plus directement marché à son but : l'émancipation réelle et non pas fictive de toute la race humaine par la liberté et l'égalité. On le soupçonne d'une incurable incapacité à accomplir des actes de vigueur, le pays qui, du 5 mai 1789 au 18 juin 1815, lutta sans repos contre toutes les fatigues, tous les périls, toutes les nécessités du plus grand rôle qu'une nation ait jamais joué sur la terre. La France, qui a mis au monde les passionnés citoyens de 89 et les incomparables tribuns de 93, est en effet le berceau d'une race sans énergie ! La France qui a fait 89 et qui n'a pas reculé devant 93, et qui, lorsqu'on voulut restaurer l'ancien régime sur son sol épuisé de gloire et de sang, après une patience de quinze années, trouva la force de faire encore 1830, la France, en effet, ne sait pas poursuivre une entreprise ! Ah ! c'est que l'on confond toujours l'ancienne physionomie de notre patrie et son vrai caractère ; on ne veut avoir affaire qu'à l'esprit de cour de la monarchie d'autrefois, et l'on ne veut pas voir cette démocratie opiniâtre montée enfin sur la scène depuis soixante-quinze ans et qui n'en descendra plus.

IX

Rien de plus sûr que la revirescence prochaine de toutes nos vertus civiques, si nous laissons aux événements le temps de suivre un ordre et aux esprits le temps de se remettre de leurs dernières alarmes. Mais la condition première de cette reprise de nos libres et nobles gestes de France, c'est que s'il reste aux affaires, voté le plébiscite, le ministère, que le hasard à la fois et la nécessité des choses ont formé, ne se méprenne pas sur le caractère de sa mission et, la connaissant bien, n'y manque pas, comme a fait l'Empire. Il doit nous conduire aux portes du domaine abandonné ; mais, comme Moïse aux portes de la Judée, il n'est pas dans son destin d'y entrer.

Qu'il ne se préoccupe donc pas, dans ses secrètes pensées, de telle ou telle éventualité et de telle ou telle combinaison. La nation y pourvoira, et ce n'est pas pour le choix des dynasties que les rivalités éclateraient. Son devoir, en calmant les impatiences inutiles et en les calmant par des actes sages, c'est de persuader aux plus timides, aux plus ignorants, aux plus enfoncés dans la grossièreté des intérêts matériels, que la restauration de la liberté, c'est la sécurité de l'avenir et la dignité du présent, la source la plus féconde et la plus abondante du bien-être. En même temps, le patriotisme leur demande, exige d'eux de ne pas laisser croire à l'étranger que c'est par une étrange faiblesse de tempérament que la France a renoncé aux pensées qui lui avaient fait supporter la dictature impériale. Elle ne s'en détache, au contraire, que parce que le programme de l'Empire ne comportait pas Sadowa.

Sur les questions de liberté l'on pourrait s'entendre à la longue, quoique les derniers signes ne l'indiquent plus, mais sur celles de la politique extérieure, il n'y a rien qui marque que le chef du cabinet et ses collègues sont dignes de parler et d'agir pour nous. La pierre d'achoppement est là. Ils n'inspireront de confiance au peuple, ils n'obtiendront de la démocratie un peu de repos que si, en compensation des avantages faits au simple libéralisme et de la suspension de l'étude des problèmes économiques et sociaux ils font voir au monde ce que la France n'a cessé de vouloir et de pouvoir.

Malheureusement c'est au nom de la paix systématique en même temps que de la réparation de la liberté parlementaire que le ministère est sorti des flancs des deux centres de la Chambre. A l'erreur antipatriotique de la guerre d'Allemagne, la Chambre et le ministère répondent par la remise en vigueur du système de la paix à tout prix qui perdit Louis-Philippe et la liberté. L'étranger en a déjà marqué sa joie.

Des hommes d'État, d'ici à bien longtemps, d'ici à jamais peut-être, ne peuvent pas dire que le pays qu'ils dirigent ne désire, ne veut que la paix. Qu'un Descartes, un Jean-Jacques Rousseau, même un Voltaire, arbore les signes de la concorde définitive : ils sont dans leur rôle ; mais c'est une faute grave, presque une absurdité, quand on entre aux affaires, en France, que d'écrire avec M. Émile Ollivier : « La paix est pour moi le premier des intérêts de la civilisation et surtout le premier des intérêts du peuple ; » et ceci encore, quoique plus juste : « Il s'agit de concilier la démocratie à l'intérieur avec la liberté, à l'extérieur avec la paix ; » et surtout ceci qui ferait déserter nos drapeaux glorieux : « Le patriotisme pour le peuple, c'est le sacrifice des plus belles années de la vie, c'est l'éloignement du foyer paternel, c'est quelquefois la mort. »

Nous l'avons dit, c'est l'honneur national qui est encore le premier des biens, et si, avec Thucydide, on peut affirmer que cet honneur importe surtout aux riches et aux heureux, on peut affirmer aussi qu'il est souvent l'unique fortune du pauvre. Vers 1830, au retour du drapeau tricolore, c'était un dicton parmi les ouvriers, que ces mots : « Je suis de tel état, je gagne tant et je suis Français ! » On était alors bon patriote, dans le sens même du mot tel qu'il s'employait en 89. Patriote, c'était être à la

fois plein de l'orgueil de la glóire française, et n'a-
voir pas un jour varié dans son attachement aux
principes de liberté, d'égalité et de fraternité.

C'est en songeant à cette philosophie de notre
nouveau ministre, si résignée, si détachée des traditions du pays et si étrangère aux sentiments
réels des masses en France, que nous doutons de
l'ampleur de son caractère politique. Le 24 février
dernier, son collègue des affaires étrangères,
M. Daru, a été fort applaudi en récitant à la tribune
une déclaration qui nous paraît la faiblesse même [1].
Ce furent d'autres accents qui, le 3 mai 1866,
ébranlèrent le cœur insensible de cette même majorité, et lui communiquèrent un instant l'enthousiasme de nos pères.

Dans l'interrègne par lequel cette fondation nouvelle de la liberté fait passer la France, on ne voit
donc que M. Thiers qui, étant en face de ces minis-

---

1. « Nous voulons la paix, la paix durable avec toutes ses
conséquences pour le développement des libertés intérieures
et de la prospérité générale. C'est là la politique du cabinet. Nous voulons le maintien de la paix ; nous y travaillons
de tous nos efforts, mais, pour y parvenir, il faut une main
ferme, un cœur fier et un œil vigilant, parce que cet incendie qu'on appelle la guerre a été depuis dix ans allumé
aux Etats-Unis, en Allemagne, en Italie, en Espagne, et
vous savez que les incendies, même les mieux éteints laissent des traces brûlantes et des débris fumants qu'une étin-
celle peut remettre en feu. L'état de l'Europe et du monde
est une raison puissante pour la conservation de la bonne
harmonie entre nous, par le désir profond qui nous est
commun a tous de travailler énergiquement à affermir la
paix ébranlée. »

tres et de cette Chambre, puisse les maintenir dans l'ancien patriotisme; et c'est pour cette raison qu'il est à souhaiter qu'il ne diminue pas lui-même la popularité que les luttes vigoureuses de son vieil âge lui ont rendue. Ce n'est point l'affaire des républicains de la gauche de combattre la politique de la paix à outrance. Ils sont représentants des principes, et la paix en est un; ils sont adversaires systématiques du pouvoir impérial, et le patriotisme était sa première force.

La campagne libérale dont M. Thiers a été le chef est ou va être terminée. C'est à la gauche démocratique, groupée autour de M. Jules Favre, de pousser plus loin la victoire, ou du moins de manœuvrer de façon à ce que les résultats obtenus n'échappent pas à la démocratie. M. Thiers se tournera vers un nouveau devoir. Après avoir réclamé les droits imprescriptibles de la liberté contre le pouvoir personnel, il réclamera des ministres du gouvernement parlementaire les droits permanents de la patrie. Et, de la sorte, si la situation qui paraît provisoire, même avec le plébiscite, prend pourtant de la durée, ni l'une ni l'autre des deux fins des patriotes ne seront laissées dans l'abandon : des deux fins, car ils veulent avec la même résolution que l'étranger rende justice à la France, et que la France ne se serve de la liberté que pour organiser la démocratie.

X

De même que c'est seulement lorsque la France aura repris ses frontières naturelles que la paix de l'Europe pourra passer pour faite, de même, à l'intérieur de la France, la paix des passions et des intérêts ne pourra être proclamée que lorsque la démocratie sera en pleine possession de la seule forme du gouvernement qui soit à la fois d'accord avec le pouvoir parlementaire et avec le suffrage universel.

Depuis 1789, les institutions, quelles qu'elles soient, de quelque nom qu'on les décore, quelque éternité qu'on leur promette, de quelque enthousiasme qu'on les salue, ne sont faites que pour les besoins d'une époque ; mais le temps n'est plus loin où elles prendront un caractère définitif. Et peu importe le plébiscite équivoque que, en ce moment-ci, pour ne pas lâcher pied trop mollement, pour se rattacher encore un temps au pouvoir, l'Empire propose au pays de ratifier ! Non pas que la démocratie de l'avenir doive s'accommoder d'un cadre trop rigide pour la liberté de ses mouvements ; mais elle se sera enfin placée au-dessus des souvenirs du passé monarchique, et ne saura plus ce que ce peut être qu'un trône et qu'un prétendant. Le développement régulier des forces populaires et l'harmonie des efforts de toutes les classes du peuple ne cesseront qu'alors d'être un rêve. Avec quelle tranquille aisance, sans avoir attendu « l'an deux mil » de la prophétie, les travaux de l'industrie et du commerce y mettront à profit la sécurité et la stabilité de l'avenir! Avec quel plaisir profond les âmes les plus vives jouiront de cette ère de plénitude de l'existence nationale où les lois ne sont que le rhythme de la liberté!

Cette cinquième dynastie, la République, n'exercera jamais le pouvoir par la main des femmes et des enfants ; au père intelligent elle ne fera pas succéder le fils imbécile, et elle ne manquera jamais de rejetons de la race souveraine, sans que jamais une hérédité de courtisans corrompe autour du pouvoir les sources de la vie publique. On croit que ce n'est que depuis 1789 ou depuis 1792 que les vœux du peuple sont pour elle. C'est toujours parce qu'on ignore ou que l'on méconnaît l'histoire de la France populaire. Quoique d'un autre sang que les Américains, les Gaulois, même avant les Francs, n'étaient pas nés pour l'incapacité de la liberté. Où voit-on qu'ils fussent si épris des trônes et des lignées royales? Dès que nos vieilles annales se débrouillent, on ne les voit pas plus courbés que d'autres sous leurs seigneurs et leurs princes. Leur instinct les poussa à s'unir en un même État, sous un même chef; mais que font les peuples depuis que la France unie a accompli de si grandes choses? Ils l'imitent. En ce moment même, si la mode est, de ce côté-ci de la Manche, de diviser les at-

tributions administratives, à l'instar de l'Angleterre; de l'autre côté, on les réunit en faisceau, à
l'instar de la France. Est-ce que, si nos tentatives
de rébellion contre les mille despotismes du moyen
âge ont été tumultueuses, l'histoire d'Angleterre
ou l'histoire d'Allemagne est exempte de scènes
lugubres? Nous n'avons été ni plus serviles ni plus
révoltés que les Anglais et les Allemands. Seulement, en agissant avec nos chefs héréditaires ou en
essayant d'agir sans eux, nous avons toujours jeté
nos regards au delà de nos intérêts de peuple particulier, et c'est pour le bien de la civilisation
universelle que la démocratie française, ainsi que la
royauté et l'aristocratie française, ont souhaité, obtenu, exercé le pouvoir. Cette marque, en effet,
nous distingue des Allemands et des Anglais, mais
elle nous rapproche de Rome et d'Athènes.

Que si l'on nous reproche de confondre ici les
aspirations vagues d'une turbulente démocratie,
tantôt livrée à mille chefs, tantôt à un seul, avec
la conception nette et le désir formel d'un gouvernement républicain, nous rappellerons Étienne
Marcel, les orateurs du tiers dans les anciens États
généraux [1]. La Boétie, les plans des protestants,
l'histoire de la Fronde bourgeoise et populaire. Dès

---

1. « Regnum dignitas est, non hæreditas. Nonne crebro
legistis Rempublicam rem populi esse? Oportet ut ad popu-
lum redeat, hujus rei donatorem, qui eam quidem resumat,
velut suam. » (États de 1484; discours du Bourguignon
noble De la Roche).

le commencement de celle-ci [1], ne voit-on pas, à Paris, les femmes du peuple attendre à la porte de Notre-Dame la sortie de la reine mère pour lui crier: A Naples, à Naples! » A Naples où Masaniello avait mis le trône en poudre. Retz, en manigançant la paix de Rueil, avoue [2] qu'il fut surpris d'entendre des voix qui criaient : République! Une lettre de Condé [3] montre quelle consistance avait pris dans le midi, en 1653, le parti, la faction de la République. « Je croy, dit-il, que ce n'est pas la plus mauvaise de toutes. » A cent ans de distance, le journal de Barbier [4] indique qu'autour de lui, au Palais, on était, en propres termes, républicain. Et quoi d'étonnant quand un ministre d'alors, d'Argenson, écrit dans ses mémoires [5] : « Tout pouvoir électif, momentané, jamais à vie, encore moins héréditaire! » Ceci a peut-être été écrit à Versailles, en face des fenêtres de Louis XV.

On le voit, ce n'est pas seulement 1789 qui mûrissait, c'était 1792. La fuite de Louis XVI à Varennes a tout décidé. Depuis ce temps la République française existe.

M. Émile Ollivier a dit lui-même, l'année dernière encore, de la République : « C'est la seule forme de gouvernement digne et grande; c'est la

1. Mémoires de Guy Joly.
2. Collection Michaud et Poujoulat, p. 141.
3. Dans les Mémoires de Lenet.
4. Juillet 1752.
5. Édition elzévirienne, t. V., p. 310.

seule qui soit sûre de l'avenir. » Cela suffit. Ajoutons pourtant une dernière fois que c'est la seule qui, en même temps qu'elle maintient toujours ouvert, à tous les degrés de l'échelle sociale, le concours de tous les talents, donne aux affaires et aux entreprises la sécurité qui, à dix reprises déjà depuis 1789, a manqué à la France pour s'en être laissé détacher, et dont on sait le prix aux États-Unis d'Amérique. Ainsi c'est dans l'intérêt de l'ordre public que les sages doivent hâter son avénement, dont personne ne doute, mais que plusieurs ajournent par la même imprudence qui, en religion, fait ajourner le salut.

Ce n'est vers aucune royauté, c'est vers la République seule que marche la démocratie française, voilà ce qu'il est essentiel que chacun sache bien. Tout flotte dans un pays, dans un temps où le but à atteindre n'est pas bien visible au-dessus des obstacles; et c'est le pire langage à tenir que de déclamer sur le peu de chose qui signifie la différence des formes du gouvernement.

Qu'on nous fasse grâce de l'argument misérable des troubles et des émeutes qui paraissent, dès que s'ouvre la barrière de la liberté et de l'égalité. De tout temps et dans tous les pays il y a eu des é meutes et des troubles. Le régime industriel des te mps modernes, jusqu'à ce que les politiques et les économistes l'améliorent, n'est pas fait pour les rendre moins rares; mais ces agitations, qui font tant de peur à quelques personnes, sont plus fré-

quentes et plus sérieuses en Angleterre et même en
Allemagne que chez nous. Mettons notre fierté à en
être aussi peu épouvantés que nos émules. Sous le régime de la raison et de la liberté, la liberté finira bien
par s'entendre avec la raison. En tout cas, l'autorité
la plus absolue ne peut préserver aucune époque des
subites éruptions de la passion populaire. Voyez, dans
les lettres de madame de Sévigné, les avanies que
M. et madame de Chaulnes subirent à Rennes
en 1675, et le peu de respect que la multitude
avait pour un gouverneur de province! Est-ce
que, sous Louis-Philippe, le roi des affaires et de
l'industrie, on n'avait pas à tout moment des surprises : un jour pour la politique, un jour pour les
grèves, d'autres fois pour les recensements ? Non,
non, l'argument est misérable. Il se dissipe au vent
de lui-même.

Un bon citoyen sait cela, et il conforme sa conduite à sa croyance. Si le temps de mener la démocratie au port lui paraît arrivé, il presse l'équipage
de l'y conduire; si quelque signe conseille d'attendre
encore, il s'applique de toute sa bonne volonté à
rendre les obstacles moins âpres et l'attente du
repos moins longue. Pour ceux à qui leur intelligence
a tout fait comprendre, mais qui, par mollesse, ne
veulent qu'on les dérange pour aucune manœuvre,
tiendrons-nous compte de leur soi-disant sagesse et
prudence? Aussi peu touchés de leurs craintes du
mouvement, que peu troublés par la turbulence des
gens qui ne savent rien, et qui sont toujours à crier

et à remuer, nous ne repoussons pas le pilote qui s'est présenté pour nous conduire d'abord à l'abri des plus gros temps.

Tant que le chemin suivi paraîtra mener au but, suivons-le sans difficulté ; n'arrêtons notre conducteur que lorsque nous nous serons aperçus, ou de son trop d'incapacité, ou de son trop d'infidélité.

XI

Il faut bien que les esprits chagrins et les âmes violentes en prennent leur parti : c'est une sauvagerie, que le moindre essai de guerre civile dans un pays où le suffrage universel fonctionne. On peut être impatient, mais point jusqu'à l'égoïsme, et c'est trop songer à soi, que de vouloir brusquer la volonté publique, pour être plus tôt maître de son propre idéal de justice. Puisque 89 est fait, et que 1830 a chassé du pied de l'arbre de liberté ses ennemis reparus en 1815, nos querelles, quelles qu'elles soient, sont des affaires de famille. On laissera donc les coups de poignard, et la fumée de la poudre aux tragédies et aux drames ; on ne s'armera que pour les devoirs militaires dont la civilisation n'a pas encore déchargé les grandes nations.

La puérilité des dernières émeutes est la preuve que ce sentiment l'emporte sur l'absurde doctrine qui ne voit qu'une lutte à main armée dans la liberté

du forum. Si nous le voulons bien, si les leçons de
1848 ne sortent pas de nos mémoires, le débat des
questions sociales, qui ne cessera qu'à la fin de l'humanité, n'aura pas davantage le pouvoir de réveiller
les vieux levains de haine, si déplorés des patriotes.

Dans cette situation, le nouveau gouvernement
n'est point trop esclave des nécessités de la défense
de l'ordre, et il se doit à la liberté, comme nous nous
devons à la démocratie. De tout ce qui remplissait
son double programme, nous ne lui demanderons toujours qu'une loi et un décret : une loi électorale et
un décret de dissolution de la Chambre ; et encore,
si la loi électorale est vraiment honorable pour le
suffrage universel, si elle est accompagnée d'une
loi qui enlève aux maires leur caractère de représentants politiques du gouvernement, nous pourrons
attendre le décret de dissolution, pour ne pas trop
agiter le pays, qui est devenu très-impressionnable,
que le vote d'un plébiscite au sens douteux a troublé
inutilement et qui a des forces à prendre pour
affronter les perspectives des éventualités déjà dres-
sées sur l'horizon.

Une fois les candidatures officielles abolies, non-
seulement en principe, mais en fait, par l'existence
d'une nouvelle loi électorale 1, la Chambre se sentira

____

1. La question du nombre des députés n'est pas la plus
importante. Il est évidemment désirable que le plus de
place possible soit ouverte aux talents et aux opinions ; mais
il y a enfin des limites qui empêchent de vouloir un Corps
législatif trop nombreux : non pas seulement, parce que,

comme transfigurée, et il est bien peu probable que les
intrigues des partisans des puissances déchues, parmi
lesquelles nous devons placer l'Empire lui-même,
prévalent chez elle sur l'instinct de la conservation.

étant rétribué, il coûte beaucoup, mais parce que l'ordre
des discussions et le calme y sont plus difficiles à maintenir. On doit attacher plus de prix à la fixité des circon-
scriptions électorales, et cela passe la raison que le pouvoir
administratif se soit arrogé jusqu'ici le droit de les rema-
nier suivant les besoins éphémères d'une politique misérable.
Mais c'est la sincérité du vote qu'il importe avant tout d'assurer. Si « la liberté des élections (*Le 19 Janvier*, p. 370) est
l'article principal auquel le programme libéral doit être
réduit, » dans les moyens divers de produire des élections
libres, nous considérons comme le meilleur moyen celui qui
donnera aux suffrages l'expression la plus complète de la
pensée politique des électeurs.

Le vote échappera d'abord à la pression de l'autorité ad-
ministrative, mais il faut qu'il échappe aussi à toute influence
corruptrice, d'où qu'elle vienne.

Or, il n'y a pas seulement à craindre la grossière corrup-
tion qu'exerce le candidat riche par des promesses, des
dons, quelquefois par des distributions de boissons et de
nourritures : celle-là, la loi peut l'atteindre et la punir ; il
y a surtout l'esprit de localité à mettre en défaut, et contre
ses exigences, qui semblent légitimes, les précautions sont
nécessaires. On croit volontiers dans une ville et dans un
bourg que le député doit être l'avocat particulier, l'homme
d'affaire de la localité, et le souci des petits intérêts fait ainsi
oublier le grand Intérêt national. La première de nos Con-
stitutions, celle de 1791, l'a dit expressément : « *Les représentants nommés dans les départements ne seront pas représentants d'un département, mais de la nation entière.* »
Voilà le principe fondamental.

Sous l'on ne sait quel prétexte d'une sincérité trompeuse,
mais, en fait, uniquement pour discipliner les candidats
comme les électeurs, la Constitution de 1852 a aboli le scrutin de liste que la Constitution de 1848 avait établi. C'est ce

Excepté le personnel absolument perdu, ceux que leur cœur n'y portera pas deviendront libéraux et démocrates à souhait, pour n'être pas trop tôt renvoyés devant les électeurs, ou pour être réélus. L'œuvre de

scrutin de liste seul qui donnera à la France une représentation nationale à la hauteur du mandat législatif. Avec les votes localisés et, en outre, dominés par l'administration, la Chambre, depuis 1852, a trop peu différé de ce que sont les conseils généraux des départements, et c'est par la faute de la loi électorale que les électeurs ont envoyé au combat de la politique tant de mandataires qui n'étaient faits que pour des travaux d'un ordre inférieur.

Avec le scrutin de liste l'infirmité de l'électeur disparaît; il se sent un caractère de citoyen; il ne dépend plus du préfet ou du maire, ni du gros propriétaire ou du gros industriel. L'esprit provincial et départemental peut toujours se satisfaire, mais au moins la grandeur, l'élévation de la représentation nationale le domine et l'anoblit.

Sans doute le vote d'une liste de députés provoque, après les discussions, les coalitions, mais c'est là justement le ferment de la vie politique, et il n'est pas jusqu'aux chances d'être représentées, que les minorités y trouvent, qui ne doivent plaire au politique et à l'homme équitable.

La loi fixera au quart des suffrages émis le nombre de voix nécessaires pour être élu. C'est ce que proposait Dupin en 1848, pour mettre les résultats du scrutin de liste au-dessus de tout reproche.

En 1847, la France réclamait avec instance la suppression des candidatures de fonctionnaires publics. La loi électorale de 1852 nous a donné bien pis que ces candidatures: les députés sont devenus virtuellement des fonctionnaires, sollicitant leurs fonctions du gouvernement même, et qui, deux fois l'an, reçoivent, comme tels, des décorations graduées de la Légion d'honneur. Il en sera ainsi, quoi qu'on dise, tant que le scrutin de liste n'aura pas été rétabli.

Pour le vote à la commune, ne nous y opposons pas, dans l'intérêt des électeurs, mais à la condition que le vote ne durera qu'un jour et que dans toutes les mairies fonctionnera le même modèle d'urne électorale.

transition s'accomplirait ainsi, vaille que vaille, sans gêner personne, sauf les individus trop pressés d'entrer dans la carrière, et la France ne s'en plaindrait pas. Je ne dis pas qu'il soit d'une bonne morale ni même sûr d'essayer toujours de faire le bien avec des instruments qui n'y sont pas propres, mais dans la présente conjoncture des impatiences et des craintes contraires il est de la sagesse de ménager les tempéraments.

Un an, deux ans, qu'est-ce que cela dans la vie d'un peuple? Qu'est-ce donc notre vie d'homme, après vingt ans de résignation? Et c'est peut-être juste le temps d'arrêt dont nos prochaines destinées ont besoin pour bien mûrir.

Si l'avenir s'empare du présent plus tôt que nous ne le croyons probable, tant mieux encore! Mais que coûte-t-il d'attendre un peu des biens certains et que l'attente améliore? Avons-nous bien sujet de crier à la longanimité et à la faiblesse, heureux enfants du dix-neuvième siècle que nous sommes? Nos misères, depuis la Révolution, qui donc, même parmi les apocalyptiques et les mystiques de la Révolution, ose les comparer à cette silencieuse mer d'injustice, de brutalité et de servitude, qui, de l'invasion des barbares à la Renaissance, a submergé l'Europe, et sous le poids de laquelle, sans une espérance, sans même peut-être la consolation d'un rêve, des millions d'intelligences généreuses et fières ont été l'une sur l'autre écrasées?

XII

Peut-être avons-nous à dire en ces dernières pages quelle sera la part de l'Empereur dans l'œuvre publique qui s'inaugure. On a peine en effet à se figurer Octave, les mains encore humides des baisers de l'adulation universelle, laissant glisser le sceptre, et, pendant qu'il sommeille, dépouillé de la pourpre impériale. On a peine, en pensant aux commencements si pompeux de son règne, à ne voir en Napoléon III que le lion vieilli de la Fable :

Il attend son destin sans faire aucune plainte.

La preuve qu'il voudrait bien avoir dents et griffes jusqu'au bout, c'est qu'il a permis de tendre un piège au suffrage universel. Mais, qu'importe? Il s'agit de si peu de temps encore !

Prêtons-lui donc la pensée et la résolution, désabusé lui-même de l'impuissance du pouvoir absolu et persuadé du danger qu'un peuple court en croyant, ne fût-ce qu'un jour, aux hommes de génie héréditaires et aux missions providentielles, de n'assister plus qu'en spectateur à la métamorphose du gouvernement personnel en gouvernement de la nation par elle-même. Le plébiscite qu'il a demandé et que le ministère a eu la faiblesse de lui accorder ne serait alors qu'une sorte de décharge de la dictature

présentée à la signature du peuple et peut-être une
humble requête en faveur de la dynastie, à titre
provisoire. S'il en est ainsi, l'appui du nom de l'Empereur servira encore de quelque chose à la liberté
auprès des populations les moins éclairées des campagnes. En acclamant l'Empire, leur intention n'était
pas de nuire à la France ; au contraire, elles croyaient
rendre à la patrie cette situation romanesque de
premier ordre [1] que la Révolution lui a faite. Aujourd'hui encore, parmi ces ouvriers des champs (que
l'ouvrier des villes toujours oublie dans ses discours
sur les salaires, le capital et la durée du travail),
bon nombre ne s'expliquent qu'à demi comment
l'Empire a pu démériter de la France. En voyant
nos libertés reparaître sous les yeux de leur Empereur, ils s'étonneront moins du retour des institutions parlementaires ; en cela d'accord avec une
partie du peuple des villes, ils se croiront plus
sûrs, sous un Napoléon, que le gouvernement des
Chambres sera démocratique et national.

Quelques-uns s'écrieront que la liberté n'a rien à
devoir à l'Empire, et que c'est là s'humilier encore.
Aussi ne faisions-nous cette réflexion que pour les
sages. Il en sera ce qu'il pourra ; ce n'est pas en
effet de la dernière attitude de la dictature abattue,
mais des premiers mouvements libres de la France
que nous avons souci.

---

1. Expression de M. E. Renan dans la *Monarchie constitutionnelle.*

Cependant quelle belle fin, quelle réparation, quelle reprise de gloire c'eût été (mais j'ose à peine avouer une pensée qui celle-là n'est pas pour les sages), si, au lendemain de ces élections si ardentes de Paris et si vigoureuses des grandes villes, l'Empire eût fait savoir que le centenaire de la naissance de Napoléon serait célébré par toute la France comme une fête triomphale; si le jour venu, aux volées des cloches matinales, au bruit des vieux canons de bronze, dans toutes les communes une proclamation eût annoncé que, s'inspirant à la fois de l'intérêt permanent et des besoins nouveaux de la nation, et se sentant la force, même après Sadowa, de remplir une mission de salut public et de grandeur, l'Empereur abdiquait l'Empire comme il l'avait saisi, et proposait au peuple, dans l'exercice du pouvoir présidentiel, de rétablir et de fonder à jamais la République. Mes yeux la lisent sur les murailles, cette proclamation éblouissante. Je vois à côté de moi de quel heureux étonnement s'animent les visages. A coup sûr, aucun ne tremble de ce froid mortel du 2 décembre. Puis la nouvelle répandue, comme aux jours de l'Évangile, fait tout tressaillir sur les montagnes et dans les vallées. Un immense murmure de joie se mêle aux airs. Tous les grands sentiments de la patrie et de la liberté débordent. L'étranger s'arrête interdit et respectueux à la vue des rayons qui décorent nos drapeaux des frontières.

Cette illusion, cette folie, c'était l'acte le plus beau de l'histoire, et bien hardi qui jugera qu'il n'avait pour lui d'avance la complicité de la fortune !

Il l'aurait toujours

FIN.

J'apprends que M. Henri Cernuschi, *patriote
alien, vient de souscrire pour une somme de
ent mille francs aux frais de la propagande anti-
lébiscitaire de la démocratie française. Je lui
édie cet écrit par reconnaissance.*

P. B.

TECHNIQUE

DE

L'ORCHESTRE MODERNE

faisant suite au Traité

d'Instrumentation et d'Orchestration

de H. BERLIOZ

PAR

CH. M. WIDOR

PRIX NET : 10 FRANCS

HENRY LEMOINE & Cⁱᵉ, Editeurs
17, Rue Pigalle, PARIS. — BRUXELLES, Rue de l'Hôpital, 44
*Droits de Reproduction et Traduction réservés pour tous pays,
y compris la Suède, la Norvège et le Danemark.*
Copyright by Ch. M. Widor, 1904
Allemagne, BREITKOPF & HARTEL